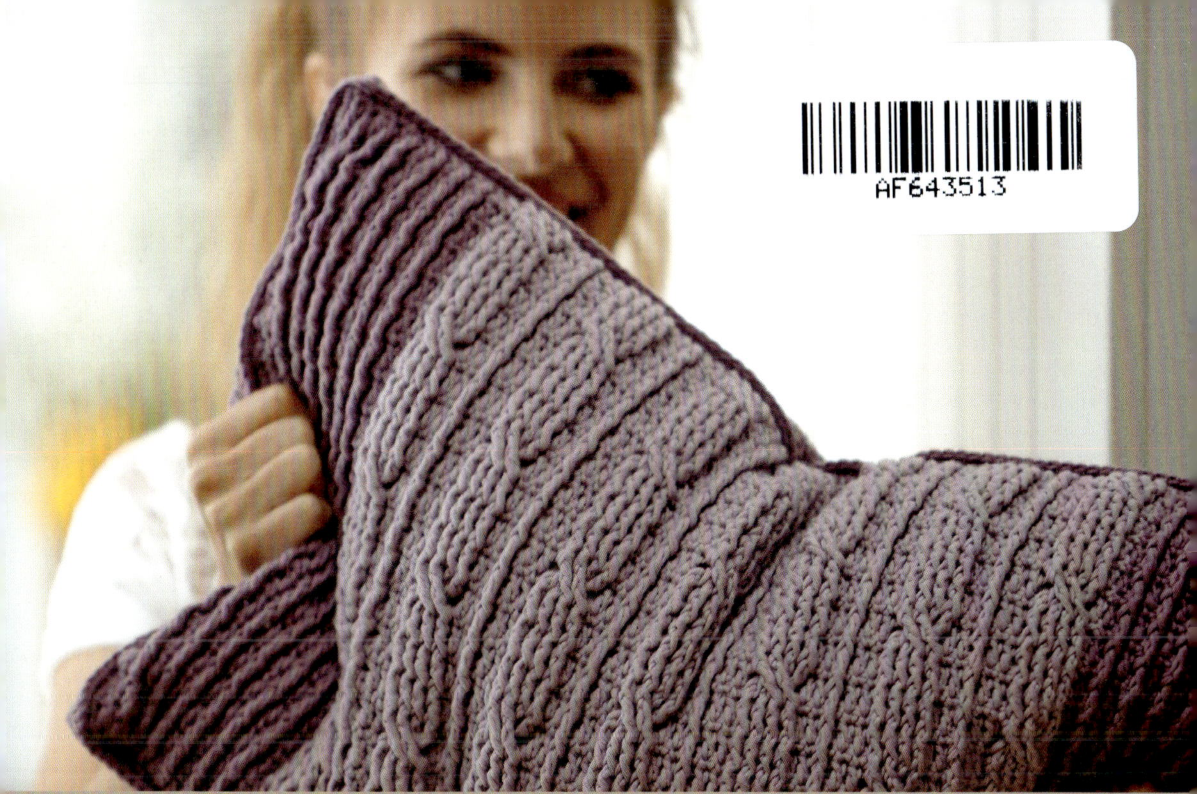

Zopfmuster häkeln! Was man als prägnante und dekorative Muster normalerweise nur vom Stricken kennt, kann auch mit Häkelnadel und Garn entstehen! Der Vielfalt sind keine Grenzen gesetzt: Zopfmuster schmücken modische Accessoires wie Schals, Beutel, Mützen, aber auch Modelle für Ihr schönes Zuhause wie Kissen, Körbe und Topflappen.

Testen Sie die interessante Technik an kleinen Projekten wie z. B. einem Gürtel oder Hausschuhen, und wenn das Zopfmuster-Fieber auch Sie gepackt hat, dann wagen Sie sich an größere Modelle. Gerade wenn Sie neue Inspiration suchen und schon ein bisschen Übung haben, werden Sie bestimmt mit viel Freude erleben, wie Reihe für Reihe großartige Strukturen entstehen.

Viel Spaß beim Häkeln wünscht Ihnen

Relief-Maschen

Bei Relief-Maschen wird nicht wie üblich in ein Abmaschglied einer Masche eingestochen, sondern um den Maschenkörper einer Masche gehäkelt, d. h. der Arbeitsfaden wird um die entsprechende Masche herumgeführt. Dadurch entsteht ein plastischer Effekt. Die Maschenkörper wölben sich, die unbehäkelten Abmaschglieder „treten zurück". Relief-Maschen können um Maschen der Vor-Reihe oder Vor-Runde gehäkelt werden, aber auch um Maschen der vorletzten Reihe oder Runde. In diesem Fall ist es wichtig, dass die Relief-Maschen nicht zu „kurz" gehäkelt werden, damit der darunter liegende Maschengrund nicht eingehalten wird. Bei den Modellen in diesem Buch werden die Muster mit Relief-Stäbchen, Relief-Doppelstäbchen und Relief-Dreifachstäbchen gehäkelt. Auf längere Mehrfach-Stäbchen, die für weniger Geübte nicht so einfach zu häkeln sind, wurde bewusst verzichtet.

Relief-Stäbchen

Man unterscheidet zwischen Relief-Stäbchen von vorne und Relief-Stäbchen von hinten.

Relief-Stäbchen von vorne

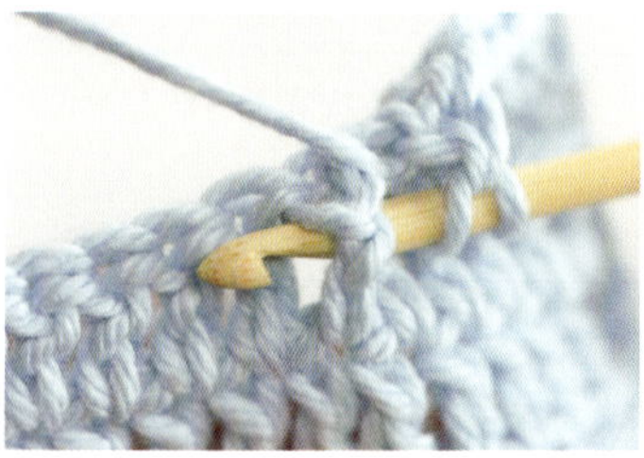

1 Einen Umschlag auf die Häkelnadel nehmen. Mit der Häkelnadel rechts neben dem Stäbchen, das umhäkelt werden soll, von vorne nach hinten einstechen, die Häkelnadel um den Maschenkörper herumführen und links von dem Maschenkörper wieder nach vorne ausstechen. Das Stäbchen wölbt sich nach vorne.

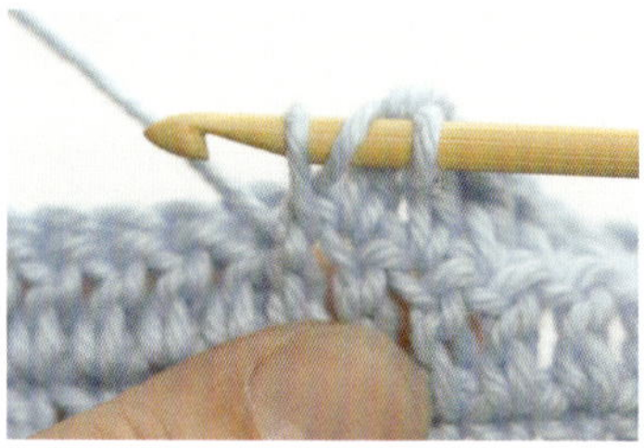

2 Den Faden holen und hinter dem Stäbchen durchziehen. Es liegen nun 3 Schlingen auf der Nadel.

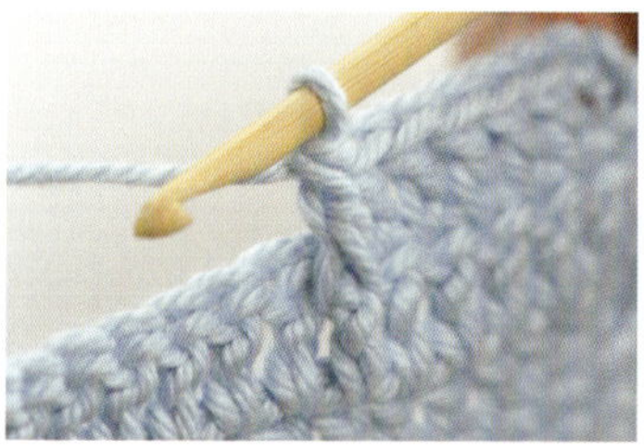

3 Nun das Stäbchen wie gewohnt abmaschen.

Relief-Stäbchen von hinten

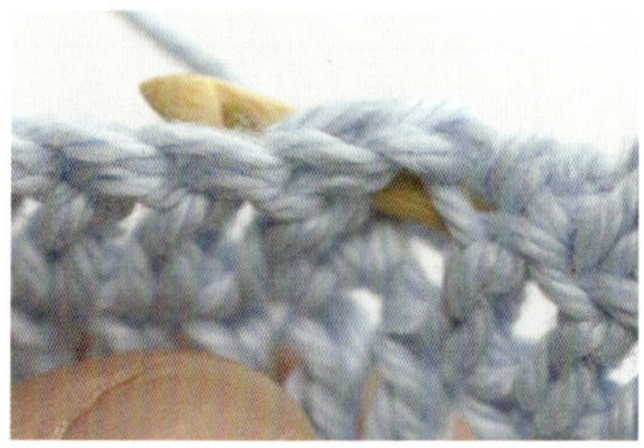

1 Einen Umschlag auf die Häkelnadel nehmen. Mit der Häkelnadel rechts neben dem Stäbchen, das umhäkelt werden soll, von hinten nach vorne einstechen, die Häkelnadel um den Maschenkörper herumführen und links von dem Maschenkörper wieder nach hinten ausstechen. Das Stäbchen wölbt sich nach hinten.

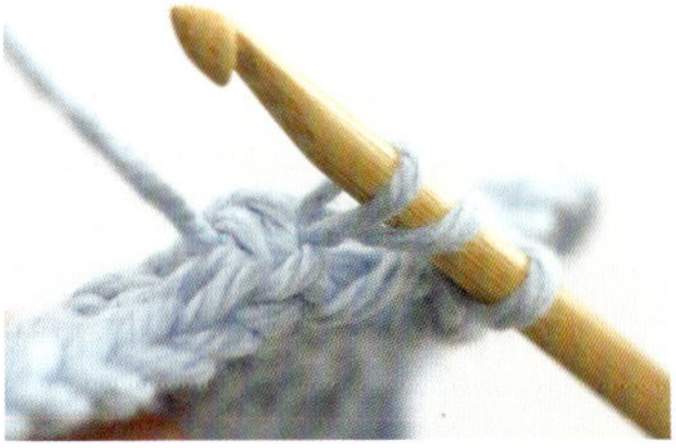

2 Den Faden holen und vor dem Stäbchen durchziehen. Es liegen nun 3 Schlingen auf der Nadel.

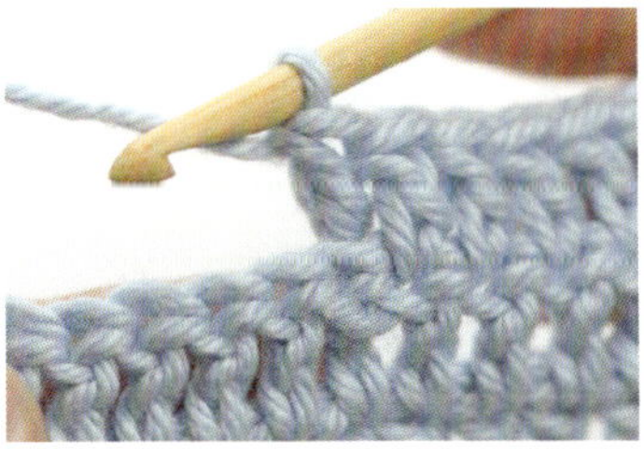

3 Nun das Stäbchen wie gewohnt abmaschen.

Relief-Doppelstäbchen, Relief-Dreifachstäbchen

Bei Relief-Doppelstäbchen und Relief-Dreifachstäbchen wird wie bei den Relief-Stäbchen beschrieben ein- und ausgestochen, nur vor dem Einstechen für das Doppelstäbchen 2 Umschläge, für das Dreifachstäbchen 3 Umschläge auf die Häkelnadel nehmen und nach dem Durchholen des Fadens die Umschläge wie gewohnt abmaschen.

Zopfmuster

Werden Relief-Maschen miteinander verkreuzt, entstehen Zopfmuster. Beidseitig der Zöpfe wird ein Grundmuster gehäkelt, siehe entsprechende Anleitung. Beim Verkreuzen unterscheidet man zwischen Verkreuzungen nach links und Verkreuzungen nach rechts. Grundsätzlich werden immer, egal ob bei einer Verkreuzung nach links oder nach rechts, zuerst Zopf-Maschen übergangen und die ersten Relief-Maschen um darauf folgende Maschen gehäkelt, danach werden die übergangenen Maschen umhäkelt.

Nachfolgend werden die Verkreuzung nach links und nach rechts an einem Zopf aus 4 Relief-Doppelstäbchen gezeigt. Bei schmaleren oder breiteren Zöpfen wird mit weniger oder mehr Maschen entsprechend gearbeitet. Die genaue Erläuterung für die verschiedenen Verkreuzungen finden Sie bei unter „... so wird's gemacht, Verkreuzungsstellen".

Verkreuzung nach links

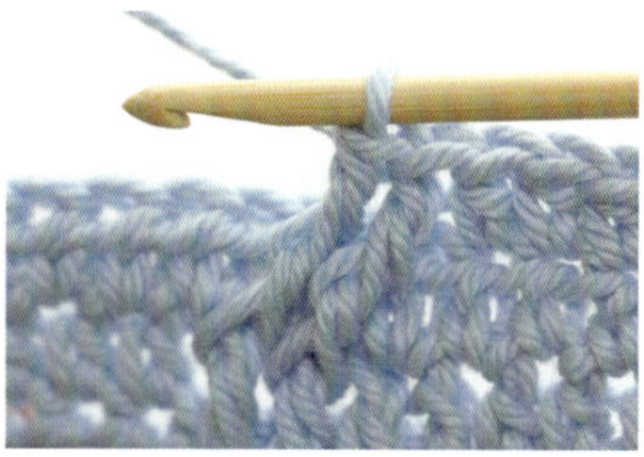

1 Die ersten beiden Zopf-Maschen der Vor-Reihe oder Vor-Runde übergehen. Dann das 1. + 2. Relief-Doppelstäbchen um die 3. + 4. Zopf-Masche häkeln.

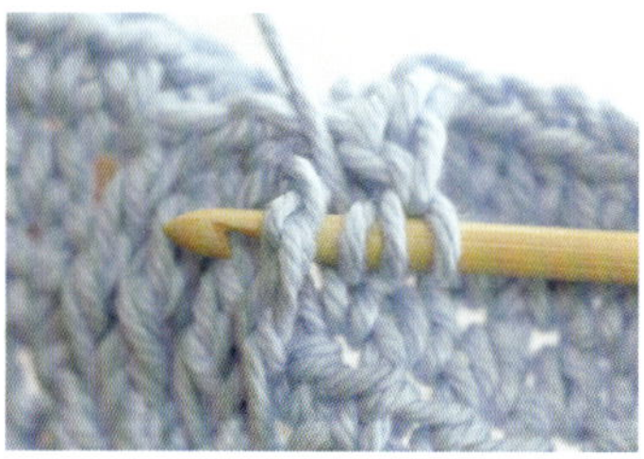

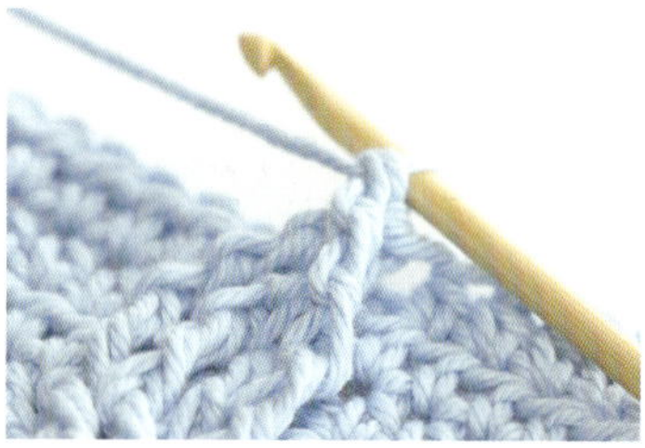

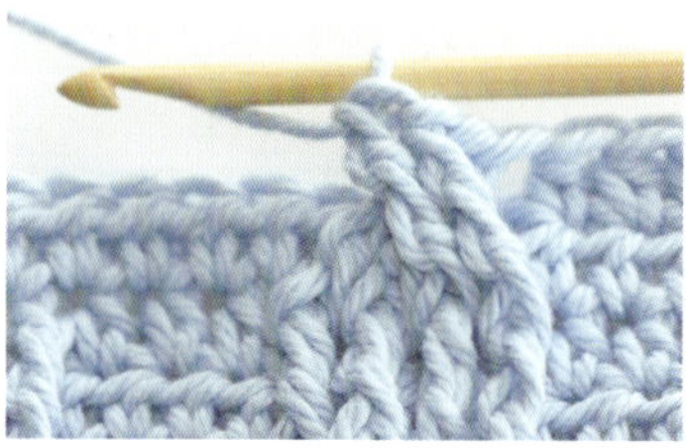

2-4 Das 3. Relief-Doppelstäbchen um die 1. übergangene Zopf-Masche, das 4. Relief-Doppelstäbchen um die 2. übergangene Zopf-Masche häkeln, dabei jeweils so einstechen, dass das 3. + 4. Relief-Doppelstäbchen über dem 1. + 2. Relief-Doppelstäbchen liegen.
Die zuletzt gehäkelten beiden Relief-Doppelstäbchen liegen oben und zeigen von rechts unten nach links oben.

Verkreuzung nach rechts

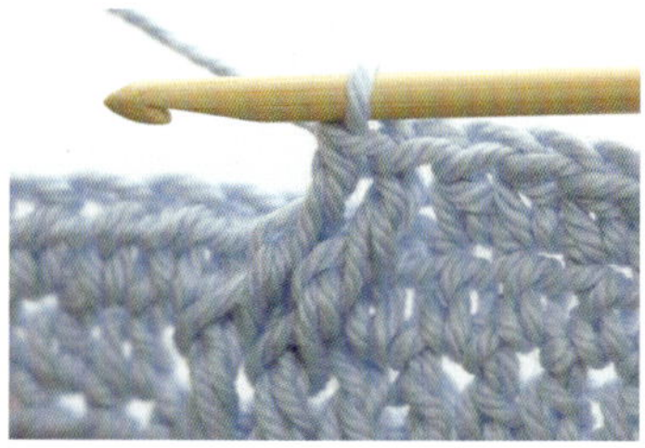

1 Die ersten beiden Zopf-Maschen der Vor-Reihe oder Vor-Runde übergehen. Dann das 1. + 2. Relief-Doppelstäbchen um die 3. + 4. Zopf-Masche häkeln.

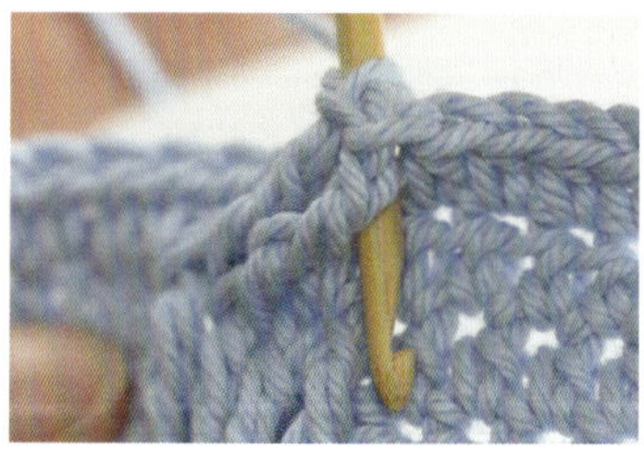

2 Für das 3. Relief-Doppelstäbchen hinter den beiden bereits gehäkelten Relief-Doppelstäbchen nach rechts durchstechen.

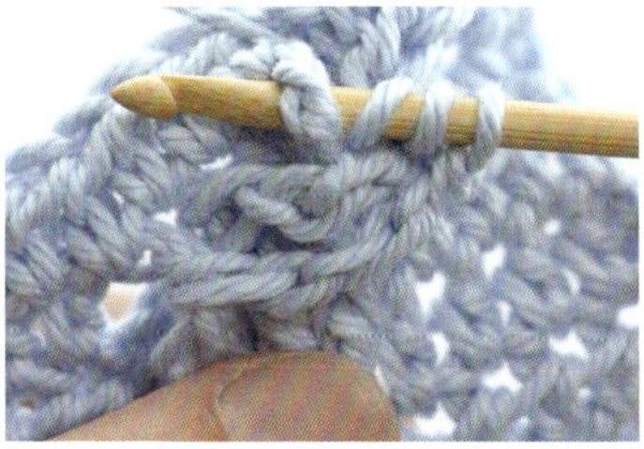

3 Das 1. übergangene Relief-Doppelstäbchen mit der Häkelnadel umfassen und zwischen den beiden gehäkelten Relief-Doppelstäbchen und dem Häkelgrund nach oben ziehen.

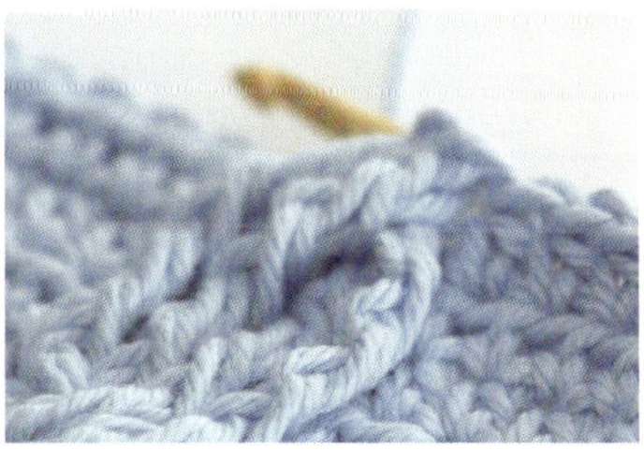

4 Den Faden unter dem Stäbchen durchholen und das Doppelstäbchen wie gewohnt abmaschen.

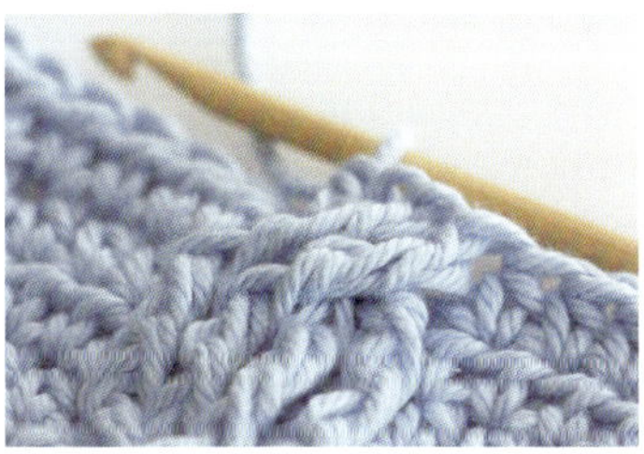

5 Danach das 4. Relief-Doppelstäbchen wie beim 3. Relief-Doppelstäbchen beschrieben um die 2. übergangene Zopf-Masche häkeln.
Die zuerst gehäkelten beiden Relief-Doppelstäbchen liegen oben und zeigen von links unten nach rechts oben.

Zum Verkreuzen von Zöpfen braucht es etwas Übung. Das Verkreuzen nach links ist wesentlich einfacher als das Verkreuzen nach rechts, da man beim Verkreuzen nach rechts hinter bereits gehäkelte Maschen einstechen muss. Für Ungeübte empfiehlt es sich daher, mit Modellen zu beginnen, bei denen die Zöpfe nur nach links verkreuzt werden.
Beim Verkreuzen werden die übergangenen Zopf-Maschen durch die bereits gehäkelten Relief-Maschen teilweise verdeckt. Es ist daher notwendig, mit etwas Fingerspitzengefühl die verdeckten Maschen „freizulegen“ bzw. zur Seite wegzuschieben, damit man die übergangenen Maschen erfassen kann.

Verkreuzungsstellen in der Häkelschrift

Die Verkreuzungsstellen sind in diesem Buch mit einfachen Strichen gezeichnet. Das macht die Häkelschrift klarer. Aus dem Häkelschriftzeichen ist sofort ersichtlich, welche Relief-Maschen oben und welche unten liegen. Schwarz gezeichnete Striche = oben liegende Relief-Maschen, grau gezeichnete Striche = unten liegende Relief-Maschen. Verlaufen die schwarzen Striche von rechts unten nach links oben, ergibt sich eine Verkreuzung nach links, verlaufen die schwarzen Striche von links unten nach rechts oben, ergibt sich eine Verkreuzung nach rechts, siehe Seite 4 und links.
Für die Verkreuzungsstellen werden je nach Modell Relief-Stäbchen, Relief-Doppelstäbchen oder Relief-Dreifachstäbchen gehäkelt, siehe „So wird's gemacht, Verkreuzungsstellen“. Beachten Sie in der jeweiligen Anleitung auch den „Hinweis zur Häkelschrift“.

Wichtiger Tipp:
Da die Relief-Maschen nicht in ein Abmaschglied, sondern um den Maschenkörper gehäkelt werden, bleibt für jede Relief-Masche 1 Abmaschglied der Vor-Reihe oder Vor-Runde unbehäkelt.

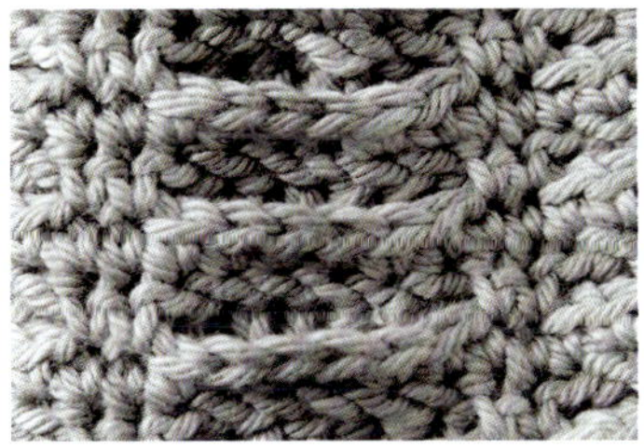

Das Foto zeigt die Rückseite eines Zopfs aus 4 Maschen bzw. die 4 übergangenen Abmaschglieder. Wenn Sie bei breiteren Zöpfen oder mehreren aufeinanderfolgenden Relief-Maschen unsicher sind, in welche Masche Sie nach dem Verkreuzen einstechen müssen, können Sie pro Relief-Masche 1 Abmaschglied abzählen. Die nächste Masche des Grundmusters wird dann in die folgende Masche gehäkelt.

Austernbank

Flechtzöpfe und lange Fransen

Zopfstreifen

Die Zopfstreifen nach Häkelschrift A in Hin- und Rückr arb. Die Häkelschrift zeigt die ganze Breite eines Streifens. Der Zopf wird über 6 M gehäkelt (begrenzt durch die senkrechten Linien). Die Zahlen kennzeichnen jeweils den R-Beginn; Zahlen am rechten Rand bezeichnen die Hinr, Zahlen am linken Rand die Rückr. In der Höhe die 1.-4. R 1x häkeln, dann die 5. + 6. R fortlaufend wdh.

Hinweis zur Häkelschrift: Bei diesem Modell werden die Verkreuzungen auch auf der Rückseite ausgeführt. Alle Relief-M um die darunterliegenden M der Vor-R häkeln. Für die Verkreuzungsstellen (siehe „So wird's gemacht") Relief-DStb arb. In allen Hinr die Relief-M von vorne häkeln, in allen Rückr von hinten arb.

Verkreuzungsstellen in den Rückr: Nach den Ersatz-Lm und dem folgenden Stb auch auf der Rückseite zuerst mit den grau gezeichneten Relief-DStb die 1. + 2. Zopf-M übergehen und um die 3. + 4. Zopf-M (= um die obenauf liegenden Relief-DStb der Vor-R) je 1 Relief-DStb von hinten arb. Danach mit den schwarz gezeichneten Relief-DStb die 1. + 2. Zopf-M mit je 1 Relief-DStb von hinten umhäkeln, dabei so einstechen, dass diese beiden Relief-DStb über den zuvor gehäkelten Relief-DStb liegen. Auf der Vorderseite entsteht eine Verkreuzung nach rechts.

Anleitung

Hinweis: Der Schal besteht aus 3 einzeln gehäkelten Zopfstreifen, die später miteinander verbunden werden.

Zopfstreifen (3x)

In Rose mélange mit Häkelnd 5,0 mm 11 Lm anschl und nach Häkelschrift A arb, dabei in der 1. R die 1. fM in die 2. Lm ab Nd häkeln (= 10 M pro R). In der 2. R (= Rückr) Stb häkeln. In der 3. R mit den Verkreuzungen beginnen. In ca. 170 cm Länge (= insgesamt 136 R) nach einer 6. Muster-R noch 1 Hinr hStb arb, siehe letzte R der Häkelschrift.
Wichtig: Für das Verbinden der 3 Streifen die R-Anzahl aller 3 Streifen überprüfen. Sie muss exakt gleich sein.

Fertigstellen

Die 3 Streifen in Hellgrau mélange mit Häkelnd 4,0 mm nach Häkelschrift B miteinander verbinden. Häkelschrift B zeigt 2 Streifen (= grau gezeichnet, die Streifen sind verkürzt gezeichnet) und die Verbindungs-R (schwarz gezeichnet). An dem 1. Streifen am unteren Rand (Lm-Anschlag) den Faden anschlingen, siehe Pfeil a, und eine Längsseite des 1. Streifens umhäkeln, dabei mit 4 Lm beginnen, danach das Muster fortlaufend arb und mit 4 Lm und 1 Km an der oberen R (hStb) enden. Beim 2. Streifen den Faden am oberen Rand (hStb) anschlingen, siehe Pfeil b, und die fM mit Pfeil jeweils um die Lm-Bogen des 1. Streifens arb. Mit 1 Km am unteren Rand (Lm-Anschlag) enden. Dann den 2. und 3. Streifen entsprechend miteinander verbinden. Darauf achten, dass an einem Schal-Ende jeweils der Lm-Anschlag aller 3 Streifen liegt und an dem anderen Ende jeweils die letzte R aus hStb.
Zuletzt den Schal in Hellgrau mélange mit Häkelnd 4,0 mm nach Häkelschrift C umhäkeln. Häkelschrift C zeigt das obere Ende von 2 nebeneinanderliegenden Zopf-Streifen (grau gezeichnet) und die Umrandung (schwarz gezeichnet). An einer Längsseite beginnen, siehe Pfeil a, bis Pfeil b häkeln, den Rapport zwischen den Pfeilen b und c 2x arb, dann die Rd wie gezeichnet fortsetzen, rundum entsprechend ergänzen und die Rd mit 1 Km schließen.
Alle Fadenenden vernähen. An den Schmalseiten um jeden Lm-Bogen eine Franse in Hellgrau einknüpfen. Pro Franse 2 Fäden à 35 cm Länge zuschneiden, zur Hälfte legen, einknüpfen und auf gleiche Länge (ca. 15 cm) zurückschneiden.

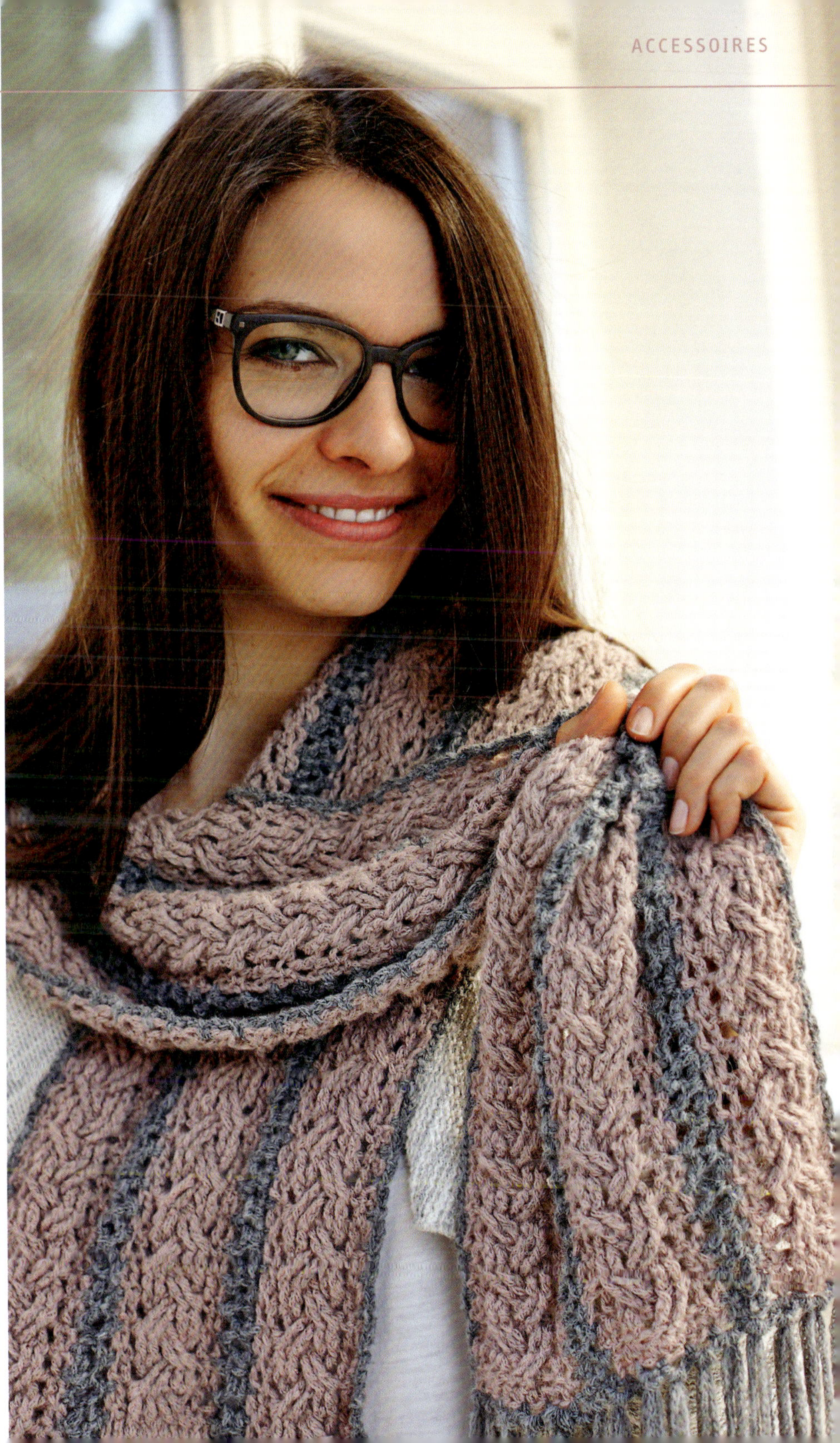

GRÖSSE
19 cm x 170 cm
(ohne Fransen)

MATERIAL

- Schachenmayr Fashion Pieces (LL 102 m/30 g) in Rose mélange (Fb 133), 150 g, und Hellgrau mélange (Fb 191), 90 g
- Häkelnadeln 5,0 mm und 4,0 mm

MASCHEN-PROBE
Zopfstreifen (10 M) = ca. 5 cm breit;
8 R = ca. 10 cm hoch

HÄKEL-SCHRIFTEN
Vorlagenbogen 1A

Seetang

Minizöpfe und Rüschenkante

GRÖSSE
ca. 20 cm x 165 cm (ohne Fransen)

MATERIAL
- Schachenmayr Universa (LL 125 m/50 g) in Anis (Fb 175), 300 g
- Häkelnadel 5,0 mm

MASCHENPROBE
Im Zopfmuster mit Nd 5,0 mm 24 M (= ganzes Zopfteil) = ca. 15 cm breit; 18 R = ca. 10 cm hoch

HÄKELSCHRIFTEN
Vorlagenbogen 1A

Zopfmuster

Nach Häkelschrift A in Hin- und Rückr arb. Die Zahlen kennzeichnen jeweils den R-Beginn; Zahlen am rechten Rand bezeichnen die Hinr, Zahlen am linken Rand die Rückr. Die Häkelschrift zeigt die ganze Musterbreite. In der Höhe die 1.-4. R 1x häkeln, dann die 5. + 6. R fortlaufend wdh.

Hinweis zur Häkelschrift: Alle Relief-Stb um die darunter liegenden M der vorletzten R häkeln. Die Relief-Stb liegen auf der Vorderseite also immer über den fM der Rückr. Für die Verkreuzungsstellen (siehe „So wird's gemacht") Relief-Stb arb.

Anleitung

Insgesamt 25 Lm anschl und im Zopfmuster häkeln, dabei in der 1. R die 1. fM in die 2. Lm ab Nd häkeln (= 24 M pro R). In ca. 165 cm Länge die letzte R nach der Häkelschrift arb. Beachten: Bevor die letzte R gehäkelt wird, die Anzahl der R überprüfen. Sie muss durch 4 teilbar sein (die Abschluss-R wird nicht mitgezählt), damit der Rapport für die Rüschenblende aufgeht.
Nach der letzten R den Faden nicht abschneiden, sondern den ganzen Streifen nach Häkelschrift A (graue Zeichen) umhäkeln. Dabei an den Längsseiten abwechselnd 1 fM, 1 Lm arb, die fM in die „Rillen" des fM-Grundes häkeln und mit der Lm jeweils 2 R übergehen. Die Schmalseiten wie gezeichnet umhäkeln. Nach der letzten fM der Rd (= Eck-M) am linken oberen Rand der Häkelschrift den Faden nicht abschneiden, sondern direkt im Anschluss an der folgenden Längsseite die Rüschenblende nach Häkelschrift B (schwarze Zeichen) anhäkeln wie folgt:
Am R-Anfang nach der 3. fM für den Bogen 5 Lm häkeln, dann die Nd aus der Schlinge ziehen, für die folgende Km die Nd in die entsprechende fM einstechen und die Schlinge durchholen. Nach 2 Lm die Km bei Pfeil a wie die letzte Km häkeln, dann * für den gezeichneten äußeren Bogen den Lm-Bogen umhäkeln, dafür 8 Stb, getrennt durch je 1 Lm um den Lm-Bogen arb. Für den folgenden Kringel der Rüsche 1 fM, 1 Lm, 1 fM auf den Schalrand häkeln. Nach dem Lm-Bogen und der Km 3 Lm häkeln, dann ab * fortlaufend wdh. Beim letzten Kringel am R-Ende nach dem letzten Stb 1 Km in die Eck-M der Vor-Rd arb, siehe Pfeil b. Die 2. Längsseite nach Häkelschrift C (schwarze Zeichen) umhäkeln, am unteren Ende bei Pfeil a beginnen. Nach dem Lm-Bogen und der folgenden Km 2 Lm häkeln und die folgende Km bei Pfeil b wie die letzte Km häkeln, danach um den Lm-Bogen wieder 8 Stb getrennt durch 1 Lm arb und die folgenden Kringel wie bei der 1. Längsseite ausführen. Am R-Ende nach dem letzten Stb die Km bei Pfeil c in die Eck-M der Vor-Rd häkeln. Die Kringel der Rüsche ausrichten und richtig übereinander legen, dann den Schal auf eine Unterlage legen, mit feuchten Tüchern bedecken und trocknen lassen.

Fertigstellen

Alle Fadenenden vernähen. Pro Franse 2 Fäden à 35 cm Länge zuschneiden, zusammen zur Hälfte legen und an den Schmalseiten in die Lm einknüpfen (= 11 Fransen). Beidseitig davon (direkt an den Rüschenblenden) noch je 1 Franse einknüpfen. Alle Fransen auf gleiche Länge zurückschneiden.

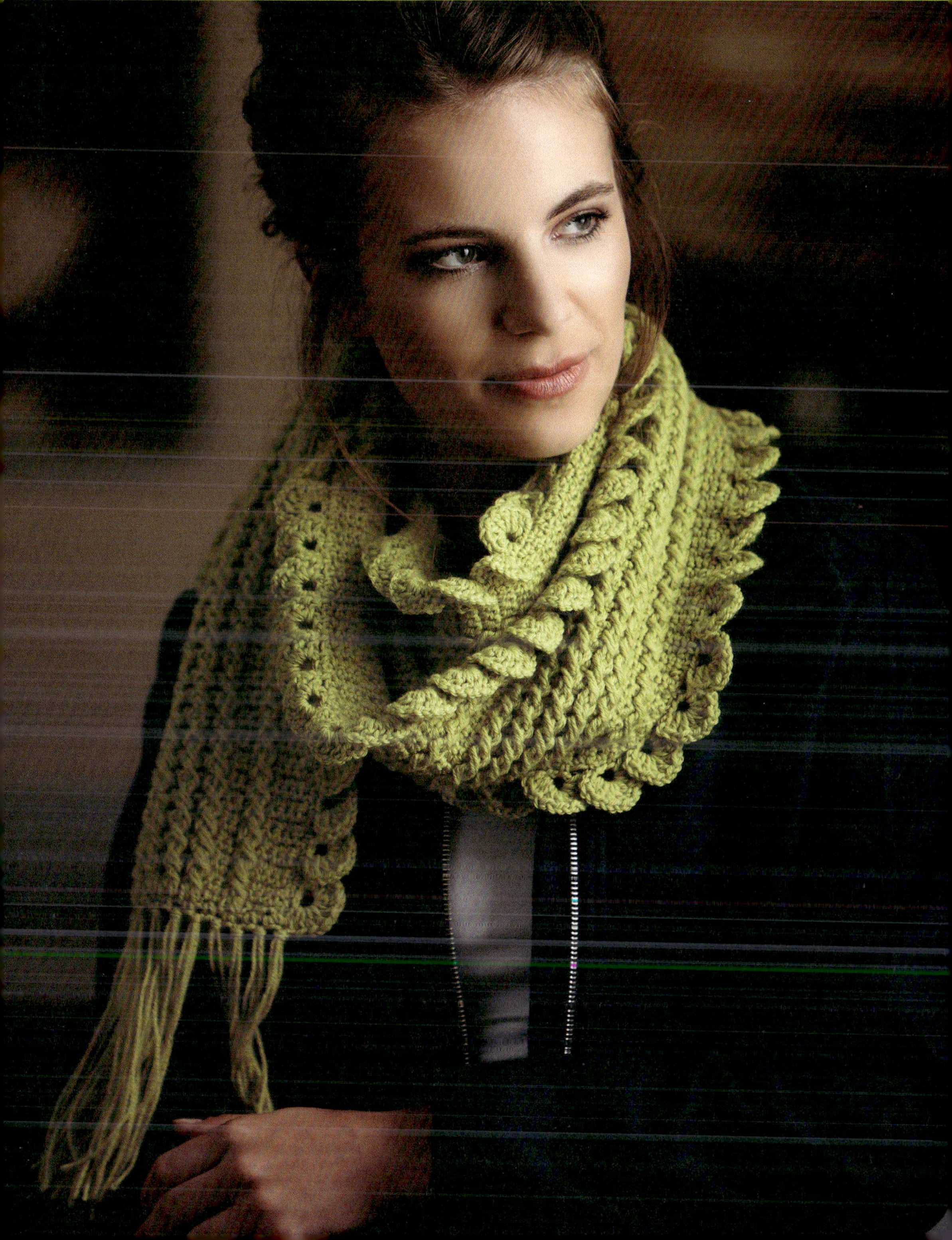

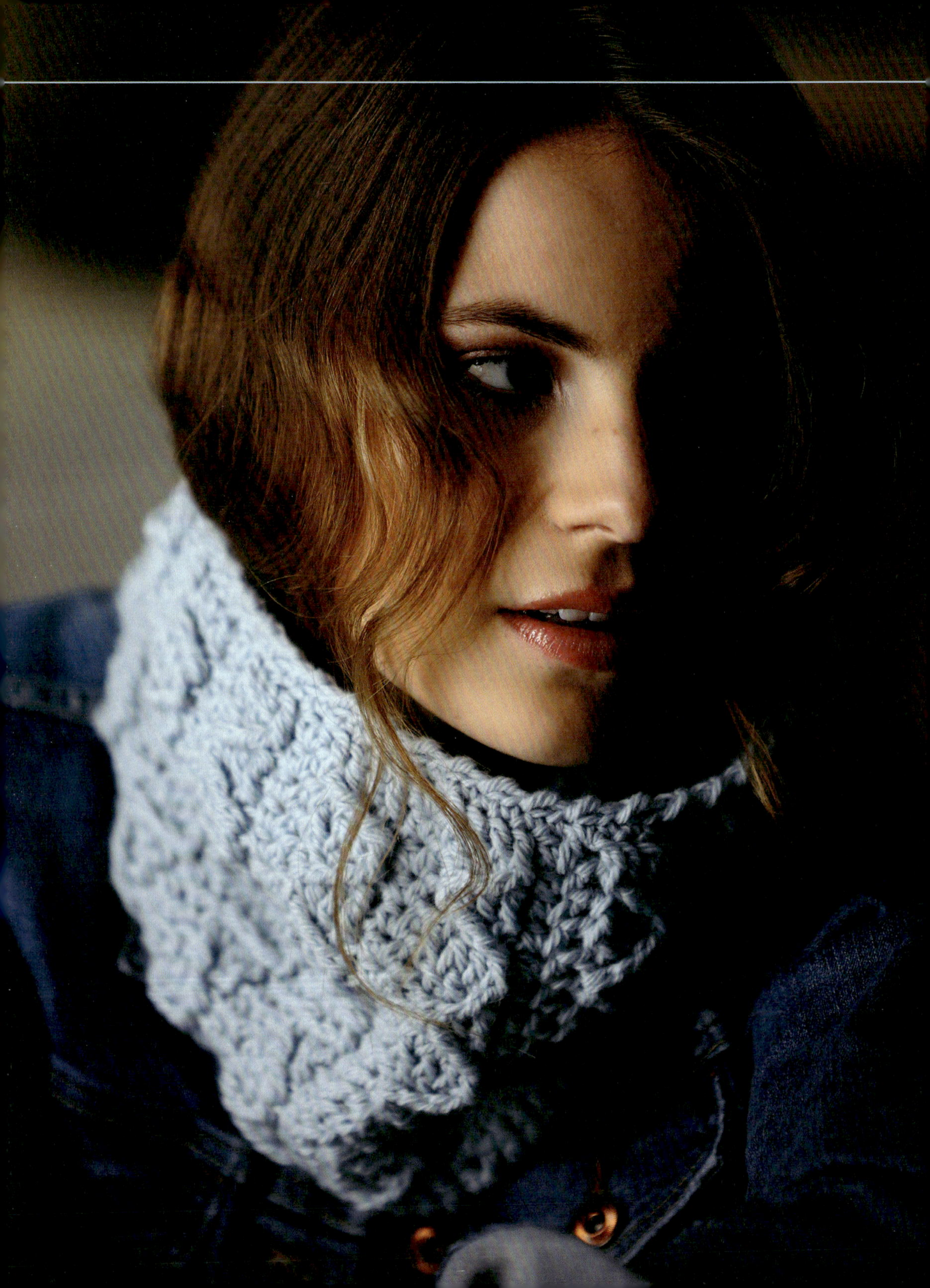

Felsküste

Loop mit markanten Zackenrippen

GRÖSSE
ca. 63 cm Umfang;
22 cm breit

MATERIAL
- Schachenmayr Alpaca Classico (LL 90 m/50 g) in Eisblau (Fb 56), 150 g
- Häkelnadel 6,0 mm

MASCHENPROBE
Im Zopfmuster mit Nd 6,0 mm
1 Rapport (14 M) = ca. 9 cm breit;
10 Rd = ca. 9,5 cm hoch

HÄKELSCHRIFT
Vorlagenbogen 1A

Zopfmuster

In Hinrd nach der Häkelschrift arb. Die Zahlen kennzeichnen jeweils den Rd-Beginn. In der Breite vom Rd-Übergang aus (Pfeil a) bis Pfeil b häkeln, den Rapport zwischen den Pfeilen b und c 6x arb und danach wie rechts vom Rd-Übergang gezeichnet enden. Die Rd mit 1 Km schließen. Nach der 1. Km noch 1 Km um die folgende Lm arb. In der Höhe die 1. + 2. Rd 1x häkeln, danach die 3.-6. Rd fortlaufend wdh.

Hinweis zur Häkelschrift: Alle Relief-M um die darunterliegenden M der Vor-Rd häkeln. Für die Verkreuzungsstellen (siehe „So wird's gemacht") die Relief-Stb bzw Relief-Dreif-Stb jeweils um die M häkeln, auf die der Pfeil zeigt.

Anleitung

98 Lm anschl und mit 1 Km in die Anfangs-Lm zur Rd schließen. Dann im Zopfmuster häkeln. Die 3.-6. Rd (= Rapport in der Höhe) 4x arb, dann die 19.-21. Rd anfügen. In der 21. Rd über den schmalen Streifen zwischen den Zöpfen nur 2 fM häkeln, die 1. fM zwischen Relief-Stb und 1. hStb, die 2. fM um die Lm zwischen den beiden hStb. Nach der 21. Rd 1 Lm arbeiten, dann 1 Rd Krebsmaschen häkeln (siehe „So wird's gemacht"), dabei die 1. fM in die folgende M, danach in jede 2. M der Vor-Rd arb.
Den unteren Rand = (Lm-Anschlag) entsprechend umhäkeln, dabei in der 1. Rd über den schmalen Streifen zwischen den Zöpfen nur 2 fM arb, dabei die fM um die Lm beidseitig der hStb arb. Danach 1 Rd Krebsmaschen arb.

Fertigstellen

Alle Fadenenden vernähen.

Flechtwerk

Reliefstäbchen – dekorativ verwebt

GRÖSSE
ca. 53 cm Umfang;
11 cm breit

MATERIAL
- Schachenmayr Fashion Pieces (LL 102 m/30 g) in Fuchsia mélange (Fb 132), 60 g
- Häkelnadel 4,0 mm

MASCHENPROBE
Im Zopfmuster
mit Nd 4,0 mm
18 M = ca. 7 cm breit;
10 R = ca. 10 cm hoch

HÄKELSCHRIFT
Vorlagenbogen 1A

Zopfmuster

Nach der Häkelschrift in Hin- und Rückr arb. Die Zahlen kennzeichnen jeweils den R-Beginn. Zahlen am rechten Rand bezeichnen die Hinr, Zahlen am linken Rand die Rückr. Die Häkelschrift zeigt die gesamte Breite des Stirnbands. In der Höhe die 1. + 2. R 1x häkeln, danach die 3.-6. R fortlaufend wdh.

Hinweis zur Häkelschrift:

Alle Relief-M um die darunterliegenden M der Vor-R häkeln. Für die Verkreuzungsstellen (siehe „So wird's gemacht") die Relief-DStb jeweils um die M häkeln, auf die der Pfeil zeigt.

Anleitung

Insgesamt 21 Lm anschl und im Zopfmuster häkeln, dabei in der 1. R (Rückr) das 1. Stb in die 5. Lm ab Nd häkeln. In ca. 53 cm Höhe mit 1 Rückr enden (= 53 R). Den Lm-Anschlag und die letzte R flach zusammennähen.
Den oberen und unteren Rand mit je 2 Rd umhäkeln wie folgt, dabei den Faden an der Naht anschlingen:
1. Rd: Pro R-Ende, also um jedes Rand-Stb bzw. um die Ersatz-Lm je 2 Stb häkeln, dabei das 1. Stb durch 2 Lm ersetzen und die Rd mit 1 Km in die obere Ersatz-Lm schließen (= 106 M).
2. Rd: 2 Lm, dann abwechselnd 1 Relief-Stb von vorne und 1 Relief-Stb von hinten arb. Die Rd mit 1 Km schließen.

Fertigstellen

Alle Fadenenden vernähen.

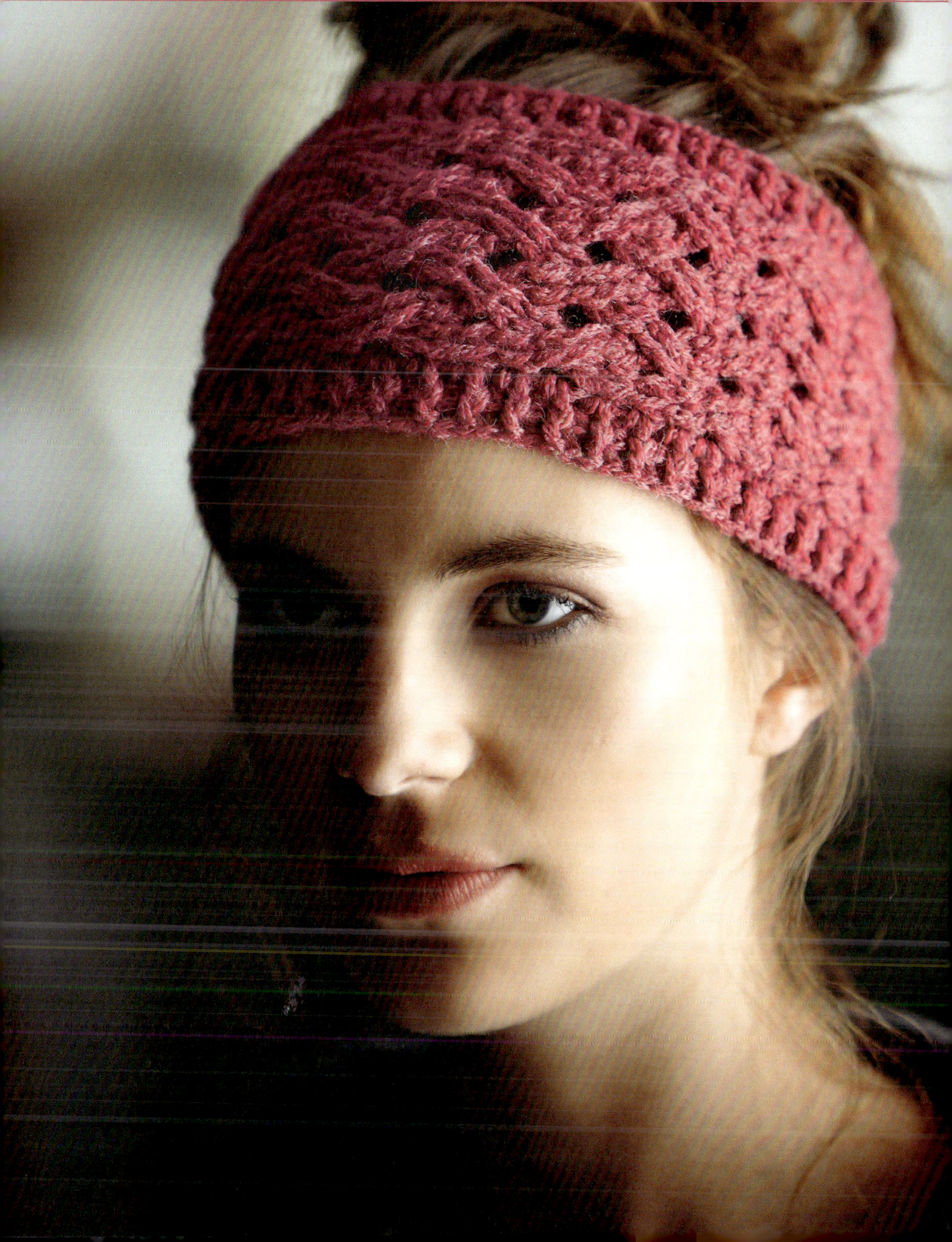

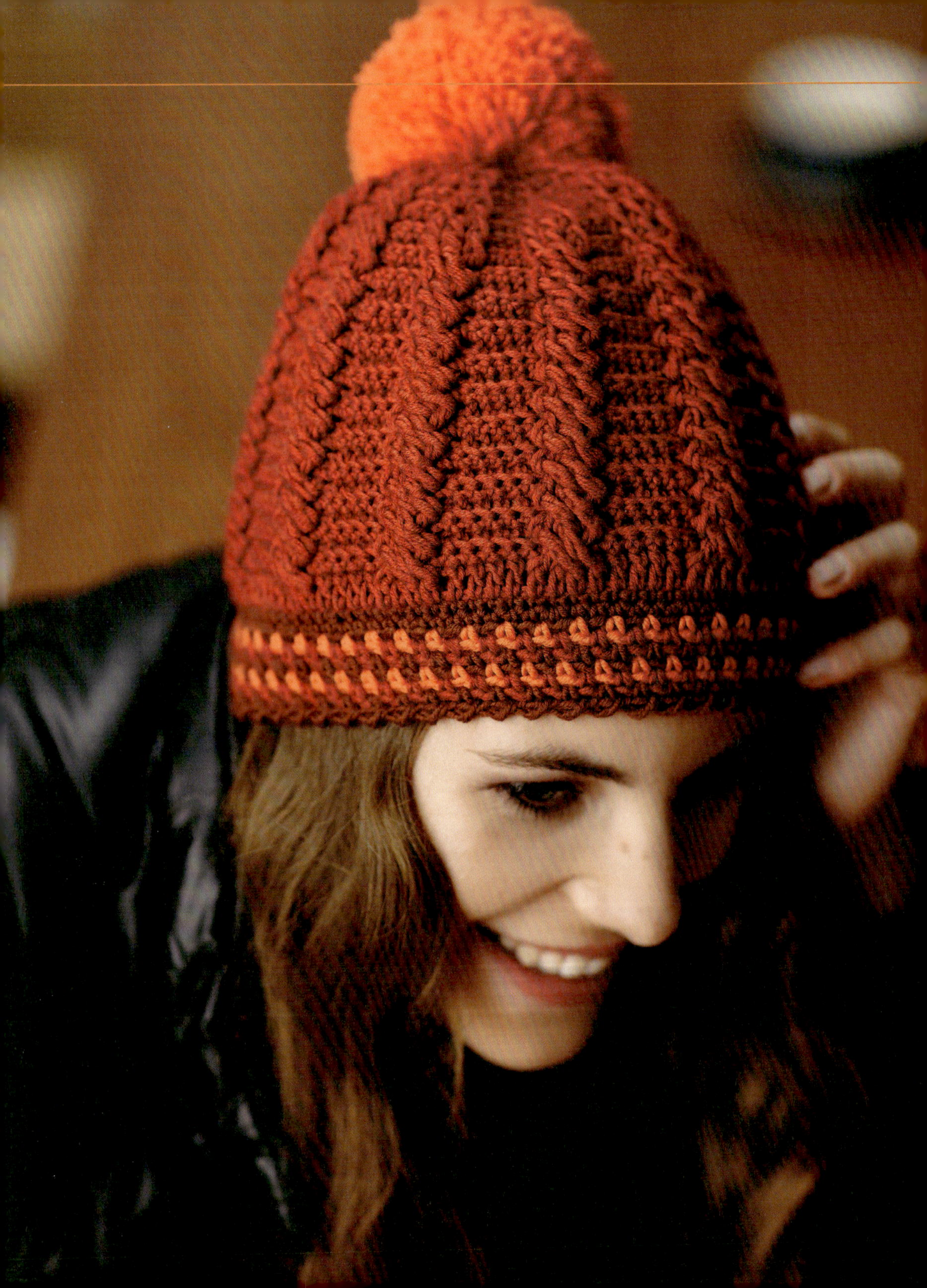

Seeluft

Heiße Farben gegen kalte Ohren

GRÖSSE

Mützenumfang am unteren Rand ca. 52 cm; Mützenhöhe ca. 22 cm

MATERIAL

- Schachenmayr Merino Extrafine 120 (LL 120 m/50 g) in Passion meliert (Fb 127), 100 g, in Kupfer (Fb 107) und Orange (Fb 125), je 50 g
- Häkelnadeln 4,5 mm und 5,0 mm
- Pompon-Set

MASCHENPROBE

Im Zopfmuster mit Nd 5,0 mm
1 Rapport (8 M) = ca. 4,5 cm breit;
19 Rd = ca. 10 cm hoch

HÄKEL-SCHRIFTEN

Vorlagenbogen 1B

Zopfmuster

Nach Häkelschrift A mit Häkelnd 5,0 mm in Hin- und Rückrd arb, d. h. nach jeder Rd wenden. Die Zahlen kennzeichnen jeweils den Rd-Beginn, Zahlen rechts vor den Ersatz-Lm bezeichnen die Hinrd, Zahlen links vor den Ersatz-Lm die Rückrd. In den Hinrd vom Rd-Übergang aus jeweils bis zum 1. Pfeil häkeln, dann den Mustersatz zwischen den Pfeilen 11x arb und die Rd mit den vor dem Rd Übergang gezeichneten M beenden (= insgesamt 12 Rapporte/12 Zöpfe). In den Rückrd nur fM häkeln, dabei für die fM über den Zopf-M beide Abmaschglieder der Vor-Rd erfassen, für die fM zwischen den Zöpfen nur die hinteren Abmaschglieder erfassen. Die M zwischen den Zöpfen werden also in Hin- und Rückrd immer nur in das hintere Abmaschglied der Vor-Rd gehäkelt (= Rippenmuster). In der Höhe die 1.-4. Rd 1x häkeln, danach die 5. +6. Rd fortlaufend wdh. Ab der 19. Rd sind alle Rd gezeichnet = Abnahmen für den oberen Mützenteil.

Tipp zum Wenden: Darauf achten, dass nach dem Wenden die 1. M nicht in die Km gehäkelt wird, d. h. die Lm und die Km übergehen und die 1. M in das folgende Abmaschglied häkeln.

Hinweis zur Häkelschrift: Alle Relief-M um die darunterliegenden M der vorletzten Rd häkeln, sie liegen auf der Vorderseite also immer über den fM der Rückrd. Für die Verkreuzungsstellen (siehe „So wird's gemacht") Relief-DStb arb.

Anleitung

Die Mütze wird von unten nach oben gehäkelt, dabei mit dem Zopfmuster beginnen. Die dreifarbige Blende (ca. 4 cm) wird zum Schluss angehäkelt.
Mit Häkelnd 4,5 mm in Passion meliert 96 Lm anschl und mit 1 Km in die 1. Lm zur Rd schließen. Dann im Zopfmuster arb, dabei die 1. Rd mit Häkelnd 4,5 mm häkeln, danach mit Häkelnd 5,0 mm weiterhäkeln.
In ca. 10 cm Höhe in der 19. Rd (Hinrd) mit den Abnahmen nach der Häkelschrift beginnen. Nachfolgend noch einige Hinweise zu den Abnahmen.
19. Rd: Im Rippenmuster die mittleren 2 fM zusammen abmaschen (siehe „So wird's gemacht"; = 84 M). Ab der 23. Rd werden über den Zöpfen nur noch Relief-Stb gehäkelt (die Verkreuzungen entfallen).
23. Rd: Über den 4 Zopf-M nur 3 Relief-Stb arb, dafür um die 1. und 4. Zopf-M je 1 Relief-Stb häkeln und die beiden mittleren Zopf-M mit 1 Relief-Stb zusammenfassen, dafür nach dem U die Häkelnd unter beiden Relief-DStb hindurchführen und das Relief-Stb wie üblich beenden (auf der Rückseite 4 M der Vor-Rd übergehen; = 72 M).

Weiter geht es auf Seite 16

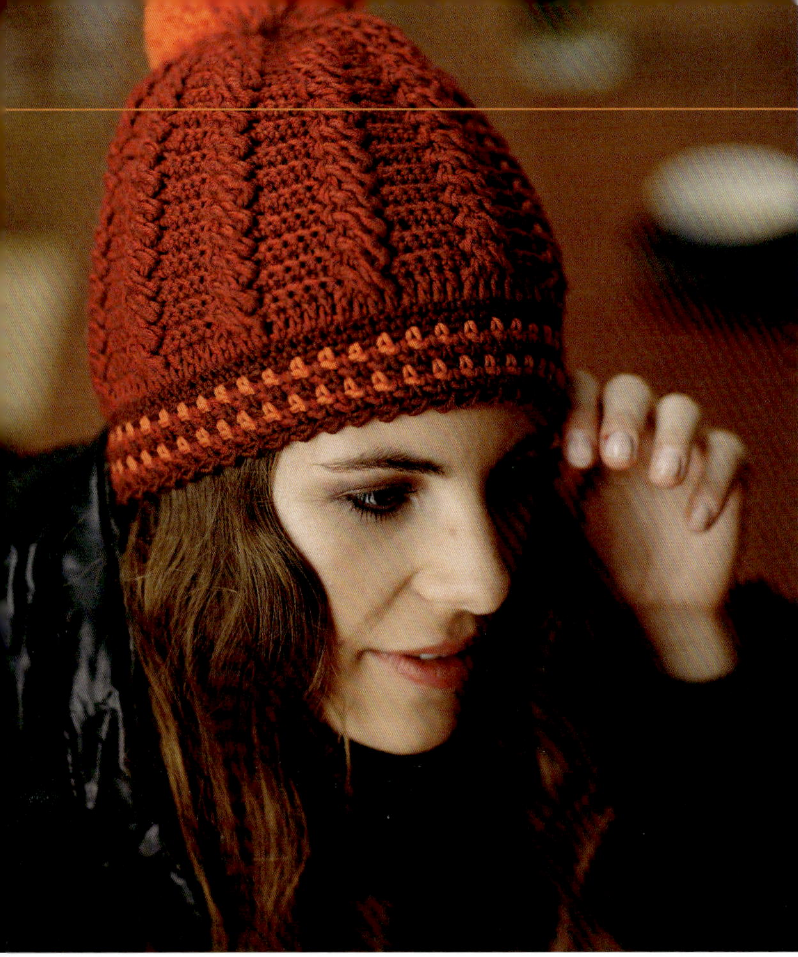

27. Rd: Über den 3 Relief-Stb der vorletzten Rd nur 2 Relief-Stb arb, dafür nur um das 1. und 3. Relief-Stb je 1 Relief-Stb häkeln, das mittlere Relief-Stb auslassen (auf der Rückseite 3 M der Vor-Rd übergehen; = 60 M).
29. Rd: Über den 3 fM der Vor-Rd je 1 fM abnehmen, dafür nur in die 1. und 3. M 1 fM häkeln, die mittlere M übergehen (= 48 M).
31. Rd: Die beiden Relief-Stb der vorletzten Rd mit 1 Relief-Stb zusammenfassen (auf der Rückseite 2 M der Vor-Rd übergehen; = 36 M).
33. Rd: Am Rd-Anfang nach der Ersatz-Lm die folgende fM übergehen, danach immer die beiden fM zusammen abmaschen (= 24 M).
34. Rd (Hinrd): Nur über den Relief-Stb je 1 fM häkeln, die M dazwischen übergehen (= 12 M).
Danach den Faden abschneiden; die Öffnung mit dem Fadenende zusammenziehen und zunähen.

Blende

Die dreifarbige Blende mit Häkelnd 5,0 mm nach Häkelschrift B in entgegengesetzter Richtung an das Mützenteil häkeln. Das Muster fortlaufend in Hinrd arb wie folgt und beim Farbwechsel die Km zum Schließen der Rd bereits in der Fb der folgenden Rd ausführen:
1. Rd (Kupfer): Den Faden an der Anfangs-Lm des Zopfmusters anschlingen, dann in jede Lm des Lm-Anschlags 1 fM häkeln, dabei die 1. fM durch 1 Lm ersetzen (= 96 M).
2. Rd (Kupfer): Die 6. M verdoppeln (= 2 fM in eine M der Vor-Rd häkeln), dann 7x jede 12. M verdoppeln (= 104 M).
Die 3. + 6. Rd in Orange, die 4. + 7. Rd in Passion meliert und die 5. Rd in Kupfer arb.
7. Rd (Kupfer): Nach 1 Lm Krebsmaschen häkeln (siehe „So wird's gemacht), dabei die Krebsmaschen immer um die Lm der Vor-Rd arb.

Fertigstellen

Alle Fadenenden vernähen. Einen Pompon in Orange nach den Angaben des Herstellers anfertigen; die gelben Teile des Pompons-Sets verwenden. Der Pompon des Originalmodells wiegt ca. 30 g, wickeln Sie daher pro Hälfte ca. 15 g Garn auf, damit der Pompon schön gleichmäßig wird. Den fertigen Pompon kugelrund beschneiden und auf die Mütze nähen.

Tauwerk

Handstulpen mit breitem Flechtzopf

GRÖSSE
Länge ca. 19 cm; Umfang am Handgelenk ca. 19 cm

MATERIAL
- Schachenmayr Merino Extrafine 120 (LL 120 m/50 g) in Honig (Fb 10123), 100 g
- Häkelnadel 5,0 mm

MASCHENPROBE
Feste Maschen in Runden mit Nd 5,0 mm 18 M und 20 Rd = ca. 10 cm x 9,5 cm

Zopfbreite = ca. 4,5 cm; 20 Rd = ca. 9,5 cm hoch

HÄKELSCHRIFT
Vorlagenbogen 2A

Feste Maschen in Runden

fM in Hin- und Rückrd häkeln, d. h. nach jeder Rd wenden. Die 1. fM durch 1 Lm ersetzen und die Rd mit 1 Km in die Ersatz-Lm schließen.

Tipp zum Wenden: Darauf achten, dass nach dem Wenden die 1. M nicht in die Km gehäkelt wird, d. h. die Lm und die Km übergehen und die 1. M in das folgende Abmaschglied häkeln.

Weiter geht es auf Seite 18

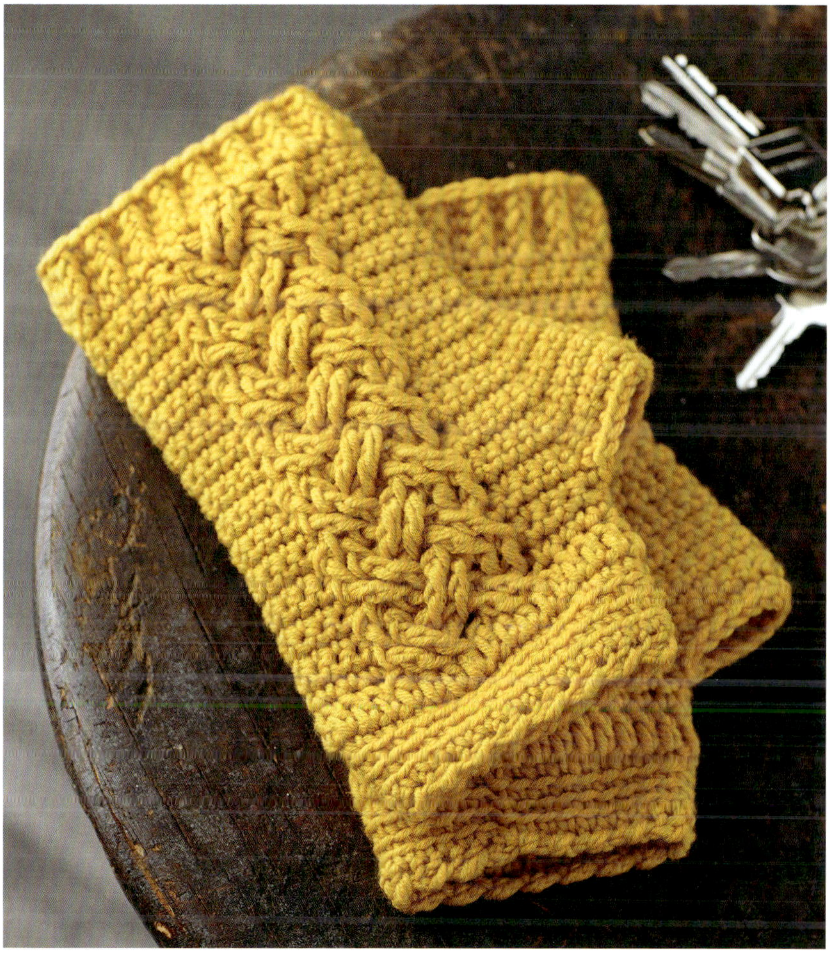

Zopfstreifen

Den Zopf nach der Häkelschrift über 8 M häkeln. Die Zahlen kennzeichnen jeweils die Rd, Zahlen am rechten Rand bezeichnen die Hinrd, Zahlen am linken Rand die Rückrd. Die 6. + 7. Rd 1x häkeln, danach die 8.-11. Rd fortlaufend wdh. Beidseitig des Zopfes fM in Rd häkeln.

Hinweis zur Häkelschrift:

Für die Verkreuzungsstellen (siehe „So wird's gemacht") Relief-DStb häkeln. In der 6. Rd die Relief-DStb um die Stb der 5. Rd arb, danach alle Relief-M um die darunterliegenden M der vorletzten Rd häkeln, sie liegen auf der Vorderseite also immer über den fM der Rückrd.

Anleitung

Rechte Stulpe

Die Stulpe wird an der auf den Fingern liegenden Blende begonnen.
32 Lm anschl und mit 1 Km zur Rd schließen. Bis zum Ende der 6. Rd nur Hinrd häkeln.
1. Rd: In jede Lm 1 fM häkeln, dabei die 1. fM durch 1 Lm ersetzen und die Rd mit 1 Km in die Ersatz-Lm schließen. In allen folgenden Rd, die mit fM beginnen, die 1. fM durch 1 Lm ersetzen.
2.-4. Rd: fM ins hintere Abmaschglied der Vor-Rd häkeln.
5. Rd: Stb arb, dabei das 1. Stb durch 2 Lm ersetzen und die Rd mit 1 Km in die obere Ersatz-Lm schließen.
6. Rd: In der 6. Rd die M einteilen: 12 fM, 8 M Zopf nach der Häkelschrift, 12 fM.
7. Rd (Rückrd): fM häkeln.
8. Rd: 8 fM, für den Daumenkeil 14 Lm anschl, in die folgenden 4 M je 1 fM, 8 M Zopf, 12 fM (= 46 M).
9. Rd (Rückrd): In jede fM und in jede Lm je 1 fM häkeln (= 46 M).
Nachfolgend werden nur noch die Hinrd erwähnt, in den Rückrd fM häkeln.
10. Rd: 8 fM, 2 M zusammen abmaschen (siehe „So wird's gemacht"), 10 fM, 2 M zusammen abmaschen, 4 fM, 8 M Zopf, 12 fM (= 44 M).
12. Rd: 8 fM, 2 M zusammen abmaschen, 8 fM, 2 M zusammen abmaschen, 4 fM, 8 M Zopf, 12 fM (= 42 M).
14. Rd: 8 fM, 2 M zusammen abmaschen, 6 fM, 2 M zusammen abmaschen, 4 fM, 8 M Zopf, 12 fM (= 40 M).
16. Rd: 8 fM, 2 M zusammen abmaschen, 4 fM, 2 M zusammen abmaschen, 4 fM, 8 M Zopf, 12 fM (= 38 M).
18. Rd: 8 fM, 2 M zusammen abmaschen, 2 fM, 2 M zusammen abmaschen, 4 fM, 8 M Zopf, 12 fM (= 36 M).
20. Rd: 8 fM, 2x nacheinander je 2 M zusammen abmaschen, 4 fM, 8 M Zopf, 12 fM (= 34 M).
22. Rd: 14 fM, 8 M Zopf, 12 fM.
In dieser Einteilung weiter gerade hoch arb. In ca. 16 cm Gesamthöhe nach einer 8. Muster-R den Zopf beenden und das Bündchen anhäkeln, dabei nur Hinrd häkeln.
1. Rd: 1 Lm (= Ersatz für die 1. fM), dann abwechselnd 1 Stb, 1 fM häkeln, mit einem Stb enden und die Rd mit 1 Km schließen.
2. Rd: 1 Lm, dann abwechselnd 1 Relief-Stb von vorne um das Stb der Vor-Rd, 1 fM häkeln, mit 1 Relief-Stb von vorne enden und die Rd mit 1 Km schließen.
3.+4. Rd: 1 Lm, dann abwechselnd 1 Relief-Stb von vorne um das Relief-Stb der Vor-Rd, 1 fM häkeln, mit einem Relief-Stb von vorne enden und die Rd mit 1 Km schließen.

Linke Stulpe

Bis zur 7. Rd wie die rechte Stulpe häkeln, ab der 8. Rd gegengleich arb und die M in der 8. Rd wie folgt einteilen.
8. Rd: 12 fM, 8 M Zopf, 4 fM, für den Daumenkeil 14 Lm anschl, in die folgenden 8 M je 1 fM häkeln.
Ab der 10. Rd den Text der einzelnen Abnahme-Rd für die rechte Stulpe einfach rückwärts lesen, also von Textende zum Textanfang und die M in der entsprechenden Reihenfolge häkeln.
Die Blende wie bei der rechten Stulpe arb.

Fertigstellen

Den Daumenkeil mit fM umhäkeln, dabei zwischen der 1. und letzten M des Daumenkeils noch 2 zusätzliche fM häkeln (= 16 M). Alle Fadenenden vernähen.

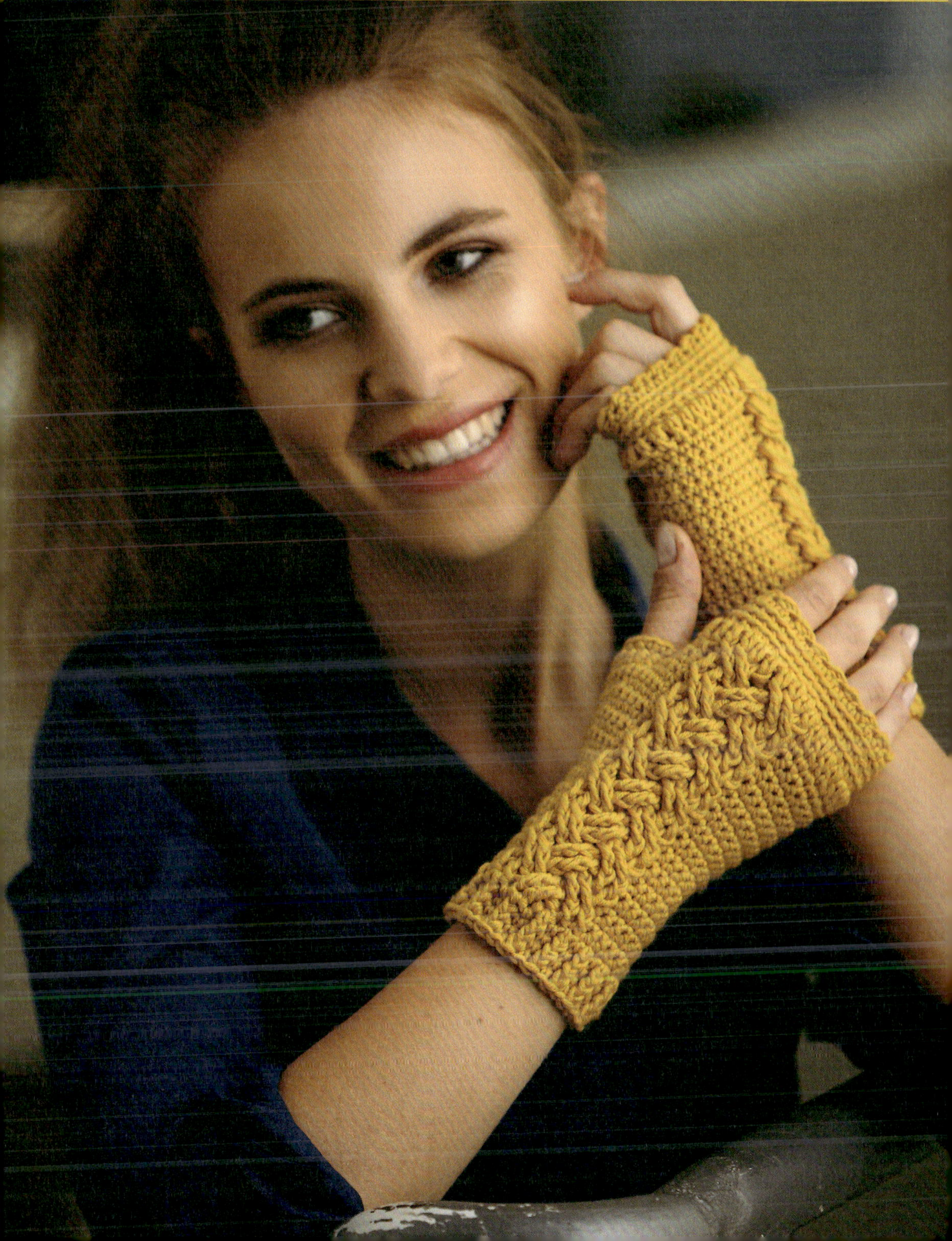

Dekorative Details: Reliefstäbchen und ein Zugband aus Kettmaschen.

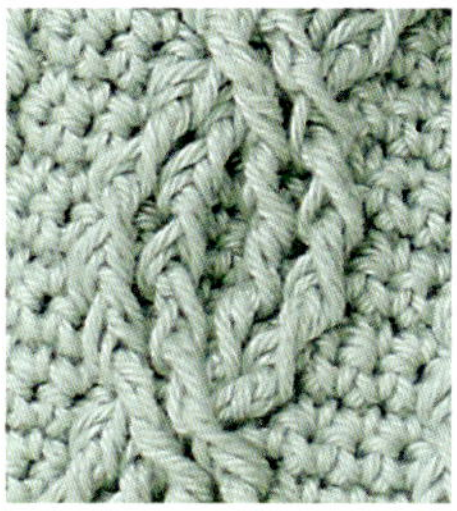

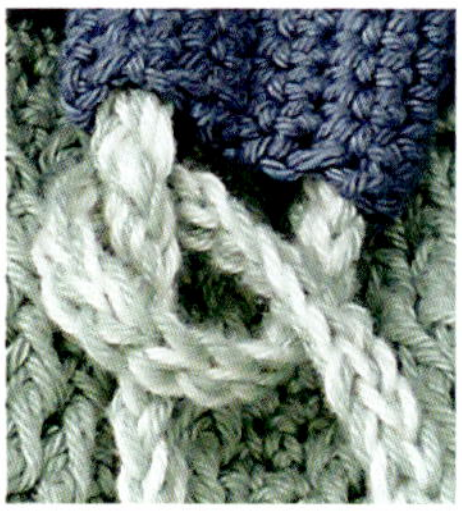

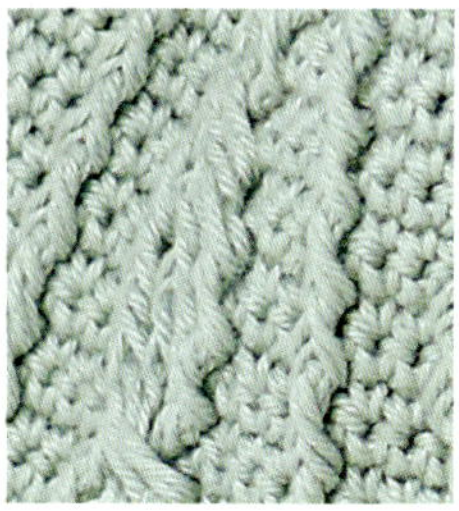

Strandgut

Zugbeutel als Umhängetasche

GRÖSSE

Umfang ca. 64 cm;
30 cm hoch
(ohne Trageriemen)

MATERIAL

- Schachenmayr Catania (LL 125 m/50 g) in Graublau (Fb 269), 100 g, Reseda (Fb 402), 200 g, und Natur (Fb 105), 50 g
- Häkelnadeln 3,5 mm, 4,0 mm und 5,0 mm
- 2 Halbrundringe, silber, 30 mm

MASCHENPROBE

Im Zopfmuster mit Nd 4,0 mm
1 Rapport (11 M) = ca. 5,3 cm breit;
24 Rd = ca. 10 cm hoch

Feste Maschen in Runden mit Nd 3,5 mm
9 M und 11 Rd = ca. 4 cm x 4 cm

HÄKELSCHRIFTEN

Vorlagenbogen 1B

Zopfmuster

Nach Häkelschrift B mit Häkelnd 4,0 mm arb. Die 1. + 2. Rd als Hinrd arb, danach in Hin- und Rückrd weiterhäkeln, d. h. nach jeder Rd wenden. Die Zahlen kennzeichnen jeweils den Rd-Beginn. Ab der 4. Rd sind nur noch die Hinrd gezeichnet. In der 3. Rd und allen folgenden Rückrd in jede M der Vor-Rd 1 fM häkeln, dabei die 1. fM durch 1 Lm ersetzen und die Rd mit 1 Km in die Ersatz-Lm schließen. In der Breite vom Rd-Übergang aus, siehe Pfeil a, bis Pfeil b häkeln, dann den Rapport zwischen den Pfeilen b und c 11x ausführen, danach die Rd ab Pfeil d bis Pfeil a ergänzen und jeweils mit 1 Km schließen (= 12 Rapporte/Zöpfe). In der Höhe die 1.-7. Rd 1x häkeln, dann die 8.-15. Rd fortlaufend wdh.

Tipp zum Wenden: Darauf achten, dass nach dem Wenden die 1. M nicht in die Km gehäkelt wird, d. h. die Lm und die Km übergehen und die 1. M in das folgende Abmaschglied häkeln.

Hinweis zur Häkelschrift:

Die Relief-Stb jeweils um die M häkeln, auf die der Pfeil zeigt. Die Relief-Stb liegen auf der Vorderseite also immer über den fM der Rückrd. Für jedes Relief-Stb 1 Abmaschglied der Vor-Rd übergehen. Für die Verkreuzungsstellen (siehe „So wird's gemacht") Relief-DStb häkeln.

Weiter geht es auf Seite 22

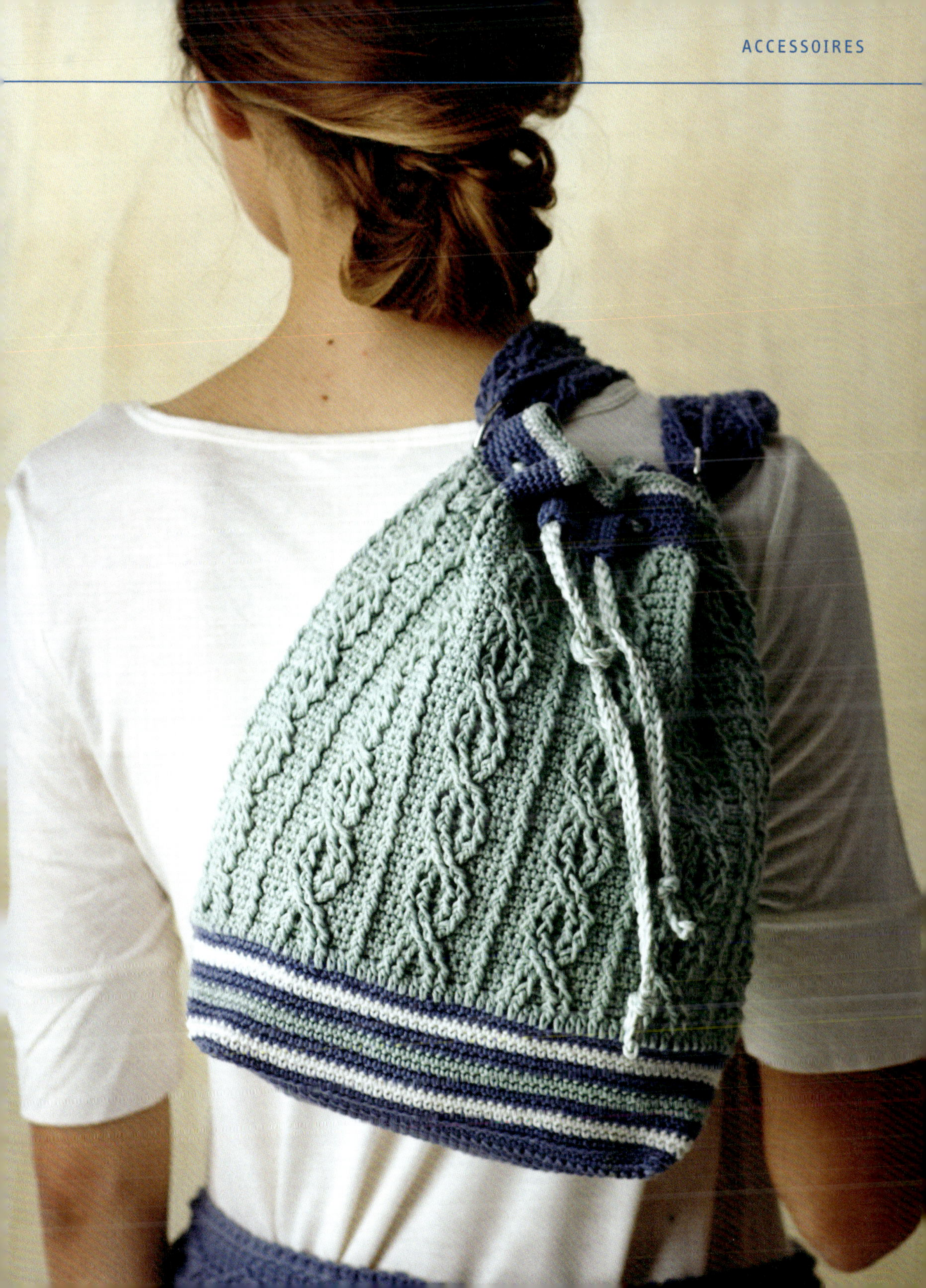

Feste Maschen in Runden

Mit Häkelnd 3,5 mm arb. In jede M der Vor-Rd 1 fM häkeln, dabei die 1. fM jeweils durch 1 Lm ersetzen und die Rd mit 1 Km in die Ersatz-Lm schließen.

Farbfolge

2 Rd in Natur, 2 Rd in Graublau, 2 Rd in Reseda, 2 Rd in Graublau, 2 Rd in Natur, 2 Rd in Graublau
Beim Farbwechsel die Km zum Schließen der Rd bereits in der folgenden Fb ausführen.

Anleitung

Beutelboden

Für den Boden mit Häkelnd 3,5 mm zunächst ein Rechteck nach Häkelschrift A (verkürzt gezeichnet) häkeln; der Lm-Anschlag bildet die Bodenmitte. In Graublau 45 Lm anschl (dicker Punkt = Anfangs-Lm) und in Hin- und Rückr fM häkeln, dabei in der 1. R die 1. fM in die 2. Lm ab Nadel häkeln (= 44 M). Insgesamt 12 R über je 44 M häkeln. Danach den Faden abschneiden und die 2. Hälfte in entgegengesetzter Richtung anhäkeln. Dafür den Faden an der Anfangs-Lm anschlingen und die 1. R auf den Lm-Anschlag arb. Nach 12 R den Faden abschneiden. Das Rechteck anschließend mit 2 Rd umhäkeln, dafür wie gezeichnet an einer Schmalseite beginnen. In der 1. Rd an den Schmalseiten die fM zwischen den R arb, an den Längsseiten in jede M 1 fM häkeln und an den Ecken in die 1. und letzte M je 2 fM häkeln (= 136 M). In der 2. Rd wieder an den Ecken zunehmen (= 144 M). Direkt im Anschluss den unteren Streifenrand arb wie folgt:

Unterer Streifenrand

Für den Streifenrand mit Häkelnd 3,5 mm fM in Hinrd arb.
1. Rd (Graublau): Die fM in die hinteren Abmaschglieder der Vor-Rd häkeln.
2.-13. Rd: In der Farbfolge arb, dabei in der letzten Rd (Graublau) die 5. und 6. M, sowie 11x jede 11. + 12. M zusammen abmaschen (= 132 M).

Zopfteil

Anschließend das Zopfmuster in Reseda nach Häkelschrift B arb. Nach der 6. Verkreuzung in der Höhe (= nach einer 15. Muster-R) die 8.-10. Rd arb. In der folgenden Hinrd (fM) die Halbrundringe einhäkeln: 2 Ersatz-Lm für die 1. fM, den 1. Halbrundring mit dem geraden Steg vor die Arbeit legen und die folgenden 4 fM um den Steg herum in die folgenden 4 M des Beutelteils arb (die letzte fM sitzt auf dem 1. Relief-Stb des folgenden Zopfes), 1 fM in das folgende Relief-Stb, * die folgende M verdoppeln (= 2 fM in eine Einstichstelle arb), 10 fM, ab * 4x wdh, die folgende M verdoppeln, 2 fM, über die folgenden 7 M den 2. Halbrundring anhäkeln, dann die Rd mustergemäß fortsetzen und am Rd-Ende noch 2 fM um den 1. Halbrundring häkeln. Die Rd mit 1 Km in die obere Ersatz-Lm schließen. Durch die Zunahmen hat das Beutelteil jetzt wieder 144 M.

Blende

Für die Blende mit Häkelnd 3,5 mm fM in Hinrd arb; die 1.-7. Rd in Graublau häkeln. In der 4. Rd (= Rd für den Kordeldurchzug) wie folgt arb: 1 Lm, 5 fM, * für das Loch mit 3 Lm 3 M der Vor-Rd übergehen, 9 fM, ab * fortlaufend wdh und nach dem 12. Loch die Rd mit 3 fM ergänzen. In der 5. Rd jeweils 3 fM um die 3 Lm häkeln. Die 8. Rd in Natur, die 9. Rd in Reseda häkeln. In der 10. Rd in jede M der Vor-Rd 1 Km häkeln, dabei in die hinteren Abmaschglieder einstechen.

Trageriemen

Den Trageriemen mit Häkelnd 4,0 mm nach Häkelschrift C in Hin- und Rückr arb. Zahlen kennzeichnen den R-Beginn. Es sind nur die Hinr gezeichnet. Für jedes Relief-Stb 1 Abmaschglied der Vor-Rd übergehen. In allen Rückr mit 1 Lm wenden, dann in jede M der Vor-R 1 fM häkeln.
In Graublau insgesamt 11 Lm anschl. In der 1. R Stb häkeln, dabei das 1. Stb in die 5. Lm ab Nd arb (= 8 M pro R). Hinweis zur Häkelschrift unter „Zopfmuster" beachten. Die 1.-6. R 1x häkeln, dann die 7.-14. R fortlaufend wdh. In ca. 108 cm Gesamtlänge nach einer 9. Muster-R enden. Die Längsseiten mit fM umhäkeln, dabei in jede R 1 fM arb.

Kordel

Die Kordel mit doppeltem Faden (= 1 Faden in Natur und 1 Faden in Reseda) und Häkelnd 5,0 mm häkeln. 130 Lm anschl und rückgehend mit Km überhäkeln, dabei die 1. Km in die 2. Lm ab Nd arb.

Kordelstopper

8 Lm in Graublau mit Häkelnd 3,5 mm anschl und 8 R fM häkeln, dabei in der 1. R die 1. fM in die 2. Lm ab Nd arb (= 7 fM pro R). Am Anfang jeder R mit 1 Lm wenden, dann die 1. fM in die 1. fM der Vor-R häkeln. In der 9. R nach der Wende-Lm die fM der letzten R mit dem Lm-Anschlag zusammenhäkeln (= Mittelnaht). Es entsteht der 1. Tunnel für den Kordeldurchzug. Dann wieder 8 R fM arb, den Faden abschneiden und durchziehen. Mit dem Fadenende für den 2. Tunnel die Abmaschglieder mit Steppstichen entlang der Mittelnaht festnähen.

Fertigstellen

Die Enden des Trageriemens jeweils von außen nach innen durch die Halbrundringe ziehen, dann die Schmalseiten rechts auf rechts zusammennähen. Die Kordel in die Blende einziehen und die Enden mit Hilfe einer dünnen Häkelnd beidseitig der Mittelnaht durch die Tunnel des Kordelstoppers ziehen. Alle Fadenenden vernähen. Jedes Kordelende verknoten.

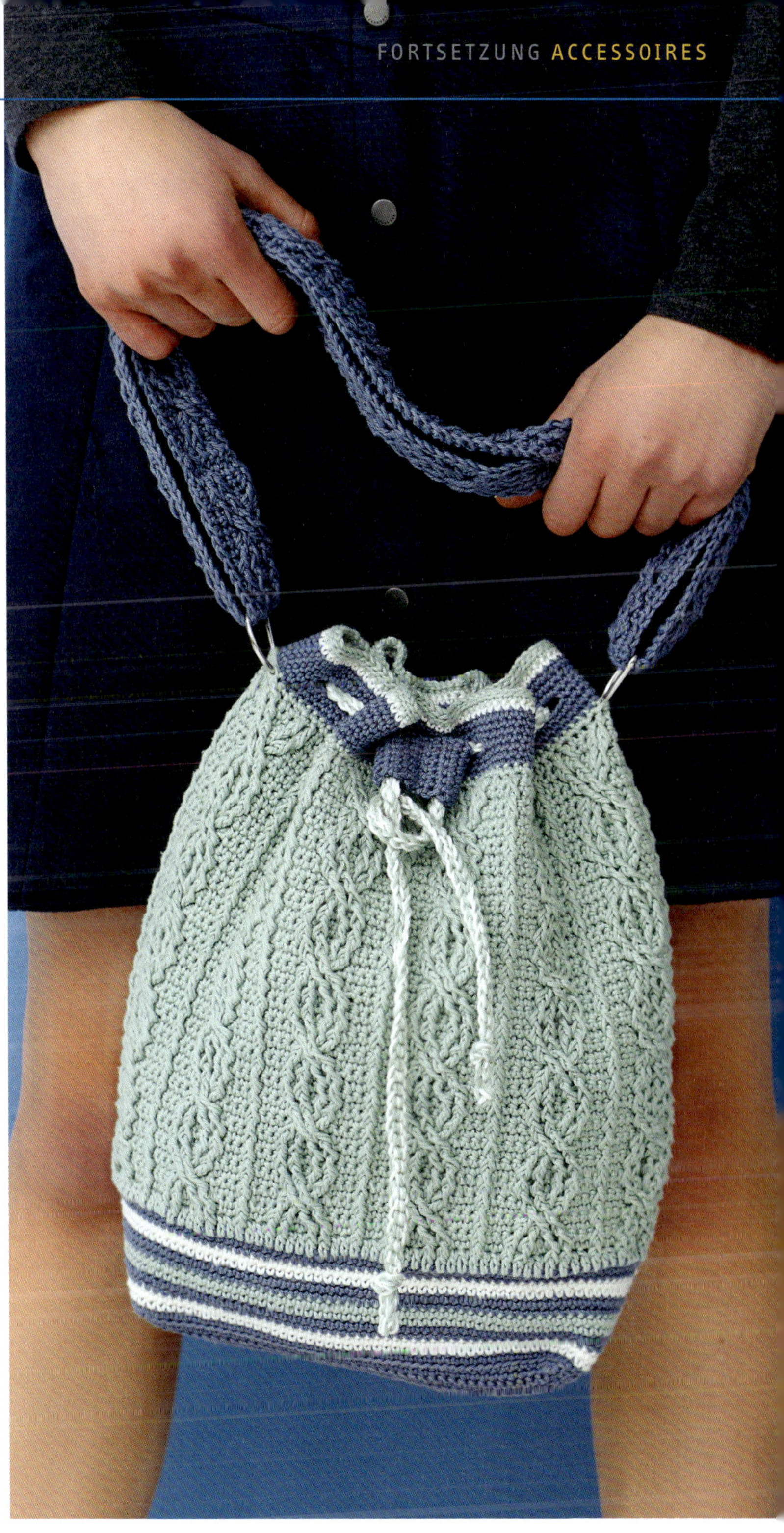

Seeanemone

Verwöhnmaschen für die Füße

GRÖSSE
38/39
Umfang ca. 21,5 cm;
Länge ca. 24,5 cm
40/41
Umfang ca. 22,5 cm;
Länge ca. 25,5 cm

Die Angaben für Größe 38/39 stehen vor dem Schrägstrich, für Größe 40/41 nach dem Schrägstrich. Steht nur eine Angabe, gilt diese für beide Größen.

MATERIAL
- Schachenmayr Merino Extrafine 85 (LL 85 m/50 g) in Flieder (Fb 245) oder Aubergine (Fb 249), je 150 g und Pflaume (Fb 246), 50 g oder Rest
- Häkelnadel 5,5 mm

MASCHENPROBE
Feste Maschen in Hin- und Rückrunden mit Nd 5,5 mm
18 M und 20 Rd/R = ca. 10 cm x 10 cm

Zopfbreite = ca. 7 cm;
20 Rd/R = ca. 10 cm hoch

HÄKELSCHRIFTEN
Vorlagenbogen 2A

Feste Maschen in Spiral-Runden

Beim Häkeln in Spiral-Rd werden die fM fortlaufend gehäkelt, d. h. die Km zum Schließen der Rd und die Anfangs-Lm, die normalerweise die 1. M ersetzen, entfallen. Da es bei dieser Methode keinen sichtbaren Rd-Übergang gibt und daher die Kontrolle der M-Anzahl nicht ganz einfach ist, empfiehlt es sich, jeweils am Anfang einer Rd einen Faden in einer Kontrastfarbe einzulegen. Dann die Rd nach der Anleitung bis zum Faden zu Ende häkeln. Nach Rd-Ende den Faden entfernen und für die neue Rd am Rd-Anfang wieder neu einlegen.

Feste Maschen in Hin- und Rückrunden

fM in Hin- und Rückrd häkeln, d. h. nach jeder Rd wenden. Die 1. fM durch 1 Lm ersetzen und die Rd mit 1 Km in die Ersatz-Lm schließen.

Tipp zum Wenden: Darauf achten, dass nach dem Wenden die 1. M nicht in die Km gehäkelt wird, d. h. die Lm und die Km übergehen und die 1. M in das folgende Abmaschglied häkeln.

Zopfstreifen

Den Zopf nach Häkelschrift A beginnen. Es sind Hin- und Rückrd gezeichnet. Die Zahlen kennzeichnen jeweils die Rd, Zahlen am rechten Rand bezeichnen die Hinrd, Zahlen am linken Rand die Rückrd. Beidseitig des Zopfstreifens werden fM in Hin- und Rückrd gehäkelt. Die 6.-9. Rd 1x häkeln, dann die 10.-13. Rd fortlaufend wdh. In entsprechender Länge (siehe Anleitung) den Zopf teilen und in Hin- und Rückr nach Häkelschrift B weiterhäkeln, dabei die 1. + 2. R 1x häkeln, danach die 3.-6. R fortlaufend wdh.

Hinweis zur Häkelschrift:

Alle Relief-M in die darunterliegenden M der vorletzten Rd/R häkeln, sie liegen auf der Vorderseite also immer über den fM der Rückr. Für die Verkreuzungsstellen (siehe „So wird's gemacht") Relief-DStb arb.

Anleitung

Rechter und linker Hausschuh werden exakt gleich gehäkelt. An der vorderen Spitze beginnen und die ersten 5 Rd in Spiral-Rd arb.
1. Rd: In einen Fadenring (siehe „So wird's gemacht") 8 fM häkeln.
2. Rd: Jede M verdoppeln (= 2 fM in eine Einstichstelle häkeln; = 16 M).
3. Rd: 8x jede 2. M verdoppeln (= 24 M).
4. Rd: In jede M der Vor-Rd 1 fM häkeln (= 24 M).
5. Rd: 8x jede 3. M verdoppeln(= 32 M). In die folgende M 1 Km häkeln, dann in Hin- und Rückrd weiterhäkeln.
6. Rd (Hinrd): Über die mittleren 12 M den Zopfstreifen nach Häkelschrift A häkeln, beidseitig davon fM arb (= 10 fM + 12 M Zopfstreifen + 10 fM = 32 M). Nachfolgend werden nur noch die Hinrd beschrieben; in den Rückrd fM häkeln, dabei jeweils die 1. fM durch 1 Lm ersetzen und die Rd mit 1 Km in die Lm schließen.

Weiter geht es auf Seite 26

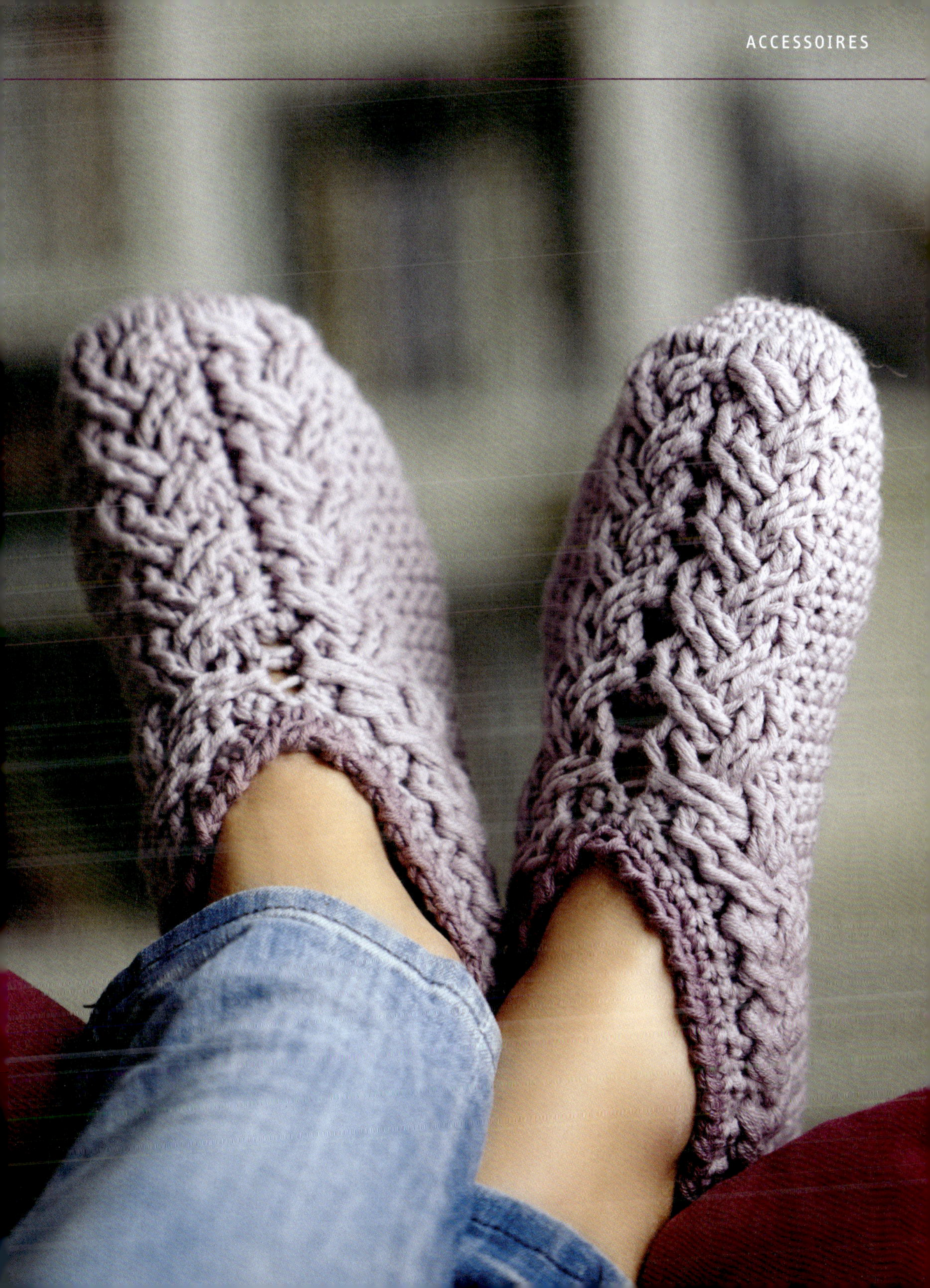

8. Rd: 7 fM, 1 Zunahme (= 2 fM in 1 Einstichstelle häkeln), 2 fM, 12 M Zopfstreifen, 2 fM, 1 Zunahme, 7 fM (= 34 M).
10. Rd: 7 fM, 1 Zunahme, 3 fM, 12 M Zopfstreifen, 3 fM, 1 Zunahme, 7 fM (= 36 M).
12. Rd: 7 fM, 1 Zunahme, 4 fM, 12 M Zopfstreifen, 4 fM, 1 Zunahme, 7 fM (= 38 M).

Größe 38/39
Weiter ohne Zunahmen gerade hoch arb, d. h. in den Hinrd jeweils 13 fM, 12 M Zopf, 13 fM häkeln. In der 27. Rd (Rückrd) innerhalb des Zopfstreifens die beiden mittleren M verdoppeln (= 40 M). Danach den Faden abschneiden.

Größe 40/41
14. Rd: 7 fM, 1 Zunahme, 5 fM, 12 M Zopfstreifen, 5 fM, 1 Zunahme, 7 fM (= 40 M).
Weiter ohne Zunahmen gerade hoch arb, d. h. in den Hinrd jeweils 14 fM, 12 M Zopfstreifen, 14 fM häkeln. In der 27. Rd (Rückrd) innerhalb des Zopfstreifens die beiden mittleren M verdoppeln (= 42 M). Danach den Faden abschneiden.

Beide Größen
Weiter nach Häkelschrift B in Hin- und Rückr häkeln. Die bereits gehäkelten Rd (= 26. + 27. Rd) sind grau eingezeichnet. Nach der 27. Rd. wird der Zopfstreifen geteilt und je zur Hälfte am Anfang und Ende der R gehäkelt. Für die 1. R (Hinr) den Faden in der Zopfmitte beim Pfeil an der fM anschlingen, 1 Lm häkeln und die 1. R wie gezeichnet mit Abschnitt A beginnen und mit Abschnitt B beenden, dazwischen 26/28 fM arb. Die 2. R (Rückr) anfügen. In dieser Einteilung weiter gerade hoch arb. In ca. 22,5 cm/23,5 cm Gesamtlänge mit der 19. (21.) R (= Hinr) mit den Abnahmen für die Ferse beginnen, an den Seiten den Zopfstreifen fortsetzen.

Größe 38/39
19. R: 18 M, 4 M zusammen abmaschen (= aus 4 nebeneinanderliegenden M je 1 Schlinge durchholen – es liegen 5 Schlingen auf der Nd – den Faden holen und durch alle 5 Schlingen ziehen), 18 M (= 37 M).
20. R: 17 M, 3 M zusammen abmaschen, 17 M (= 35 M).
21. R: 16 M, 3 M zusammen abmaschen, 16 M (= 33 M).
22. R: 15 M, 3 M zusammen abmaschen, 15 M (= 31 M).
Nach der 22. R (= ca. 24,5 cm Gesamtlänge) den Faden abschneiden.

Größe 40/41
21. R: 19 M, 4 M zusammen abmaschen (= aus 4 nebeneinanderliegenden M je 1 Schlinge durchholen – es liegen 5 Schlingen auf der Nd – den Faden holen und durch alle 5 Schlingen ziehen), 19 M (= 39 M).
22. R: 18 M, 3 M zusammen abmaschen, 18 M (= 37 M).
23. R: 17 M, 3 M zusammen abmaschen, 17 M (= 35 M).
24. R: 16 M, 3 M zusammen abmaschen, 16 M (= 33 M).
Nach der 24. R (= ca. 25,5 cm Gesamtlänge) den Faden abschneiden.

Fertigstellen

Die Ferse rechts auf rechts zur Hälfte legen und mit dem Fadenende die rückwärtige Naht mit Überwendlingsstichen schließen, dabei nur die außenliegenden Abmaschglieder erfassen. Die innenliegenden Abmaschglieder ergeben auf der Außenseite einen schönen Abschluss für die Ferse. Den oberen Rand in Pflaume umhäkeln wie folgt; dazu den Faden in der hinteren Mitte (Naht) anschlingen:
1. Rd: In jede R 1 fM häkeln, dabei die 1. fM durch 1 Lm ersetzen und die Rd mit 1 Km in die Ersatz-Lm schließen.
2. Rd: Krebsmaschen häkeln (siehe „So wird's gemacht"), dabei nach 1 Lm die 1. fM in die folgende M der Vor-Rd, danach 1 fM in jede 2. M der Vor-Rd arb. Die Rd mit 1 Km schließen.

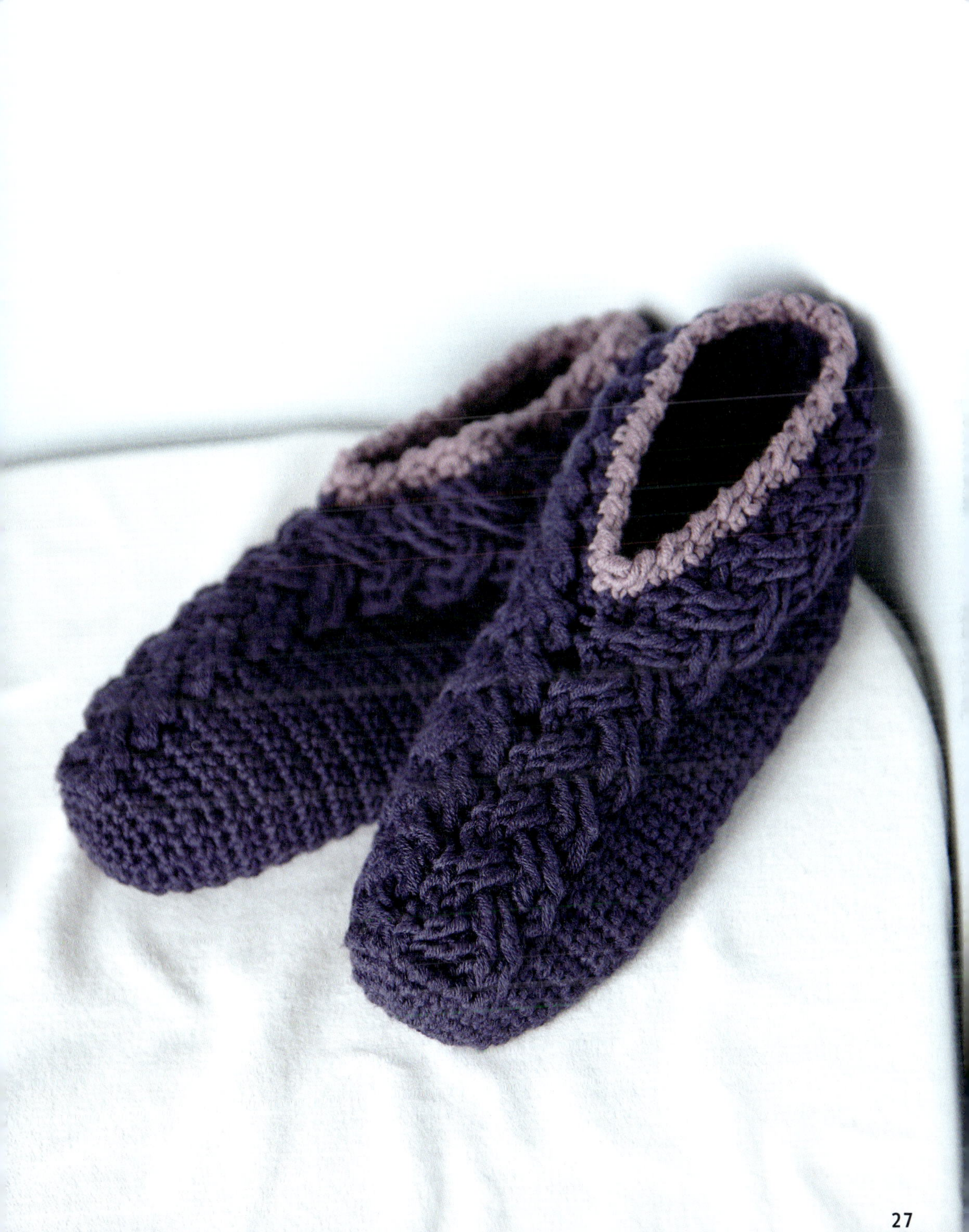

Ankerkette

Rhombenzopf betont die Taille

GRÖSSE
ca. 6,5 cm breit;
ca. 87 cm lang
(ohne Halbrundringe)

MATERIAL
- Schachenmayr Catania (LL 125 m/50 g) in Graublau (Fb 269), 100 g
- Häkelnadel 4,0 mm
- 2 Halbrundringe, in Silber, 30 mm

MASCHENPROBE
Im Zopfmuster
mit Nd 4,0 mm
14 M (Gürtelbreite)
= ca. 6 cm breit;
22 R = ca. 10 cm hoch

HÄKELSCHRIFT
Vorlagenbogen 1B

Zopfmuster

Nach der Häkelschrift in Hin- und Rückr arb. Die Zahlen kennzeichnen jeweils den R-Beginn. Es sind nur die Hinr gezeichnet. In den Rückr mit 1 Lm wenden und in jede M der Vor-R 1 fM häkeln. Die Häkelschrift zeigt die ganze Gürtelbreite. In der Höhe die 1.-8. R 1x häkeln, dann die 9.-22. R fortlaufend wdh.

Hinweis zur Häkelschrift: Die Relief-M jeweils um die M häkeln, auf die der Pfeil zeigt. Die Relief-M liegen auf der Vorderseite also immer über den fM der Rückr. Für jedes Relief-Stb 1 Abmaschglied der Vor-R übergehen. Für die Verkreuzungsstellen (siehe „So wird's gemacht") Relief-DStb häkeln.

Anleitung

Hinweis: Damit die Gürtelenden exakt gleich aussehen, wird innerhalb des Teils begonnen und vom Lm-Anschlag aus in beide Richtungen gehäkelt.

15 Lm anschl (dicker Punkt = Anfangs-Lm) und im Zopfmuster arb. In der 1. R die 1. fM in die 2. Lm ab Nd häkeln(= 14 M). In ca. 46 cm Länge * nach einer 17. Muster-R noch eine Rückr anfügen, dabei die 3. + 4. M sowie die dritt- und viertletzte M zusammen abmaschen, siehe „So wird's gemacht" (= 12 M). In der folgenden (letzten) Hinr den Halbrundring mit dem geraden Steg vor die Arbeit legen und nach der Wende-Lm in jede M der Vor-R 1 fM häkeln, dabei den Steg des Halbrundrings mit umhäkeln. *

Dann die restliche Länge in entgegengesetzter Richtung anhäkeln. Dafür den Faden an der Anfangs-Lm anschlingen und R a auf den Lm-Anschlag arb. Bitte beachten: Die Relief-Stb bzw. Relief-DStb um die Stb der 1. R häkeln. Nach R a die Rückr fM arb, dann ab der 5. R der Häkelschrift weiterhäkeln. In ca. 39 cm Länge ab Lm-Anschlag enden, wie beim 1. Teil von * bis * beschrieben.

Fertigstellen

Alle Fadenenden vernähen. Mit den Fäden in Gürtelmitte kann die Ansatzstelle noch etwas zusammengezogen werden.
Für den Verschluss 2 unterschiedlich lange Kordeln häkeln, dafür 1x 120 Lm und 1x 150 Lm anschl und rückgehend mit Km überhäkeln, dabei die 1. Km in die 2. Lm ab Nd arb. Jede Kordel doppelt legen, die Schlinge durch einen Halbrundring führen und die Enden durch die Schlinge ziehen.

Mein Tipp für Sie

Längenanpassung Anfang und Ende des Gürtels sehen besonders schön aus, wenn Sie die beiden letzten R nach einer 13. oder 17. Muster-R arb. Aber auch nach einer 7. Muster-R können die letzten R angefügt werden.

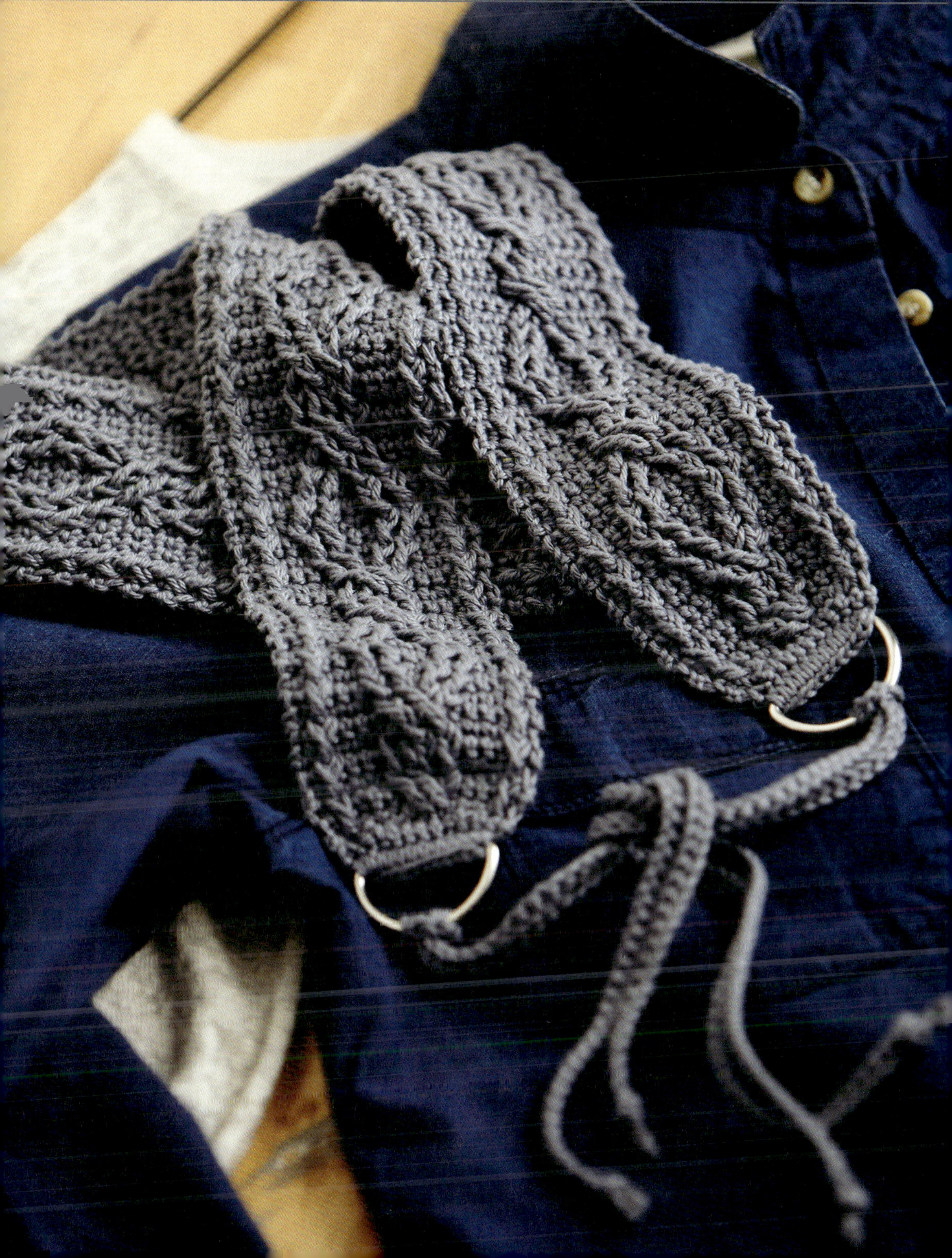

Barkarole

Bodenkorb mit viel Platz für Garn & Co.

GRÖSSE
ca. 23 cm hoch;
ca. 90 cm Umfang

MATERIAL

- Schachenmayr Boston (LL 55 m/50 g) in Kupfer (Fb 13), 200 g, Gelb (Fb 21), 100 g, und Burgund (Fb 132), 50 g
- Häkelnadel 7,0 mm

MASCHENPROBE
Zopfbordüre
mit Nd 7,0 mm
8 M (Bordürenbreite) = ca. 6 cm breit;
13 R = ca. 10 cm hoch

Im Zopfmuster
mit Nd 7,0 mm 10 M (Rapportbreite) = ca. 9 cm breit;
13 Rd = ca. 10 cm hoch

HÄKELSCHRIFTEN
Vorlagenbogen 2B

Zopfbordüre

Nach Häkelschrift A in Hin- und Rückr arb. Die Zahlen kennzeichnen jeweils den R-Beginn; Zahlen am rechten Rand bezeichnen die Hinr, Zahlen am linken Rand die Rückr. Die Häkelschrift zeigt die ganze Zopfbreite. In der Höhe die 1.-4. R 1x häkeln, dann die 5.-8. R (= Rapport in der Höhe) fortlaufend wdh.

Hinweis zur Häkelschrift:

Die Relief-M immer um die darunterliegenden M der vorletzten R arb. Sie liegen auf der Vorderseite also immer über den fM der Rückr. Für die Verkreuzungsstellen (siehe „So wird's gemacht") Relief-Stb und Relief-DStb arb.

Zopfmuster

Nach Häkelschrift B in Hin- und Rückrd arb, d. h. nach jeder Rd wenden. Die Zahlen kennzeichnen jeweils den Rd-Beginn, Zahlen rechts vor den Ersatz-Lm bezeichnen die Hinrd, Zahlen links vor den Ersatz-Lm die Rückrd. In den Hinrd jeweils nach der Ersatz-Lm den Rapport zwischen den Pfeilen 9x häkeln, dann bis zum linken Rand der Häkelschrift weiterarb. Nach der letzten M die Rd vom rechten Rand der Häkelschrift bis zur Ersatz-Lm ergänzen und die Rd mit 1 Km schließen (= 10 Rapporte). In den Rückrd nach der Ersatz-Lm in jede M der Vor-Rd 1 fM häkeln und die Rd mit 1 Km schließen. In der Höhe sind alle Rd gezeichnet.

Tipp zum Wenden: Darauf achten, dass nach dem Wenden die 1. M nicht in die Km gehäkelt wird, d. h. die Lm und die Km übergehen und die 1. M in das folgende Abmaschglied häkeln.

Hinweis zur Häkelschrift:

Die Relief-Stb immer um die darunterliegenden M der vorletzten Rd arb. Sie liegen auf der Vorderseite also immer über den fM der Rückr. Für die Verkreuzungsstellen (siehe „So wird's gemacht") Relief-Stb häkeln.

Anleitung

Mit der Zopfbordüre beginnen. Dafür in Gelb insgesamt 9 Lm anschl und in der 1. R das 1. Stb in die 3. Lm ab Nd arb. In ca. 90 cm Länge nach einer 5. Muster-R enden (= 117 R). Anfang und Ende der Bordüre zusammennähen.
Dann das Korbteil in Kupfer an die Bordüre häkeln.
1. Rd (Hinrd): Den Faden an der Verbindungsnaht anschlingen und 1 Lm (= Ersatz für die 1. fM) arb. Dann in jede R der Bordüre 1 fM häkeln (= 117 M). Die Rd mit 1 Km in die Ersatz-Lm schließen.
2. Rd (Rückrd): 1 Lm, dann in jede M der Vor-Rd 1 fM häkeln, dabei die 3. + 4. M zusammen abmaschen (siehe „So wird's gemacht"), danach noch 16x jede 6. + 7. M zusammen abmaschen (= 100 M). Weiter im Zopfmuster häkeln. In der 12. Rd wie gezeichnet über den nach innen gerichteten Relief-Stb der Vor-Rd jeweils 2 M zusammen abmaschen (= 90 M). Danach die 13.-16. Rd häkeln.

Weiter geht es auf Seite 32

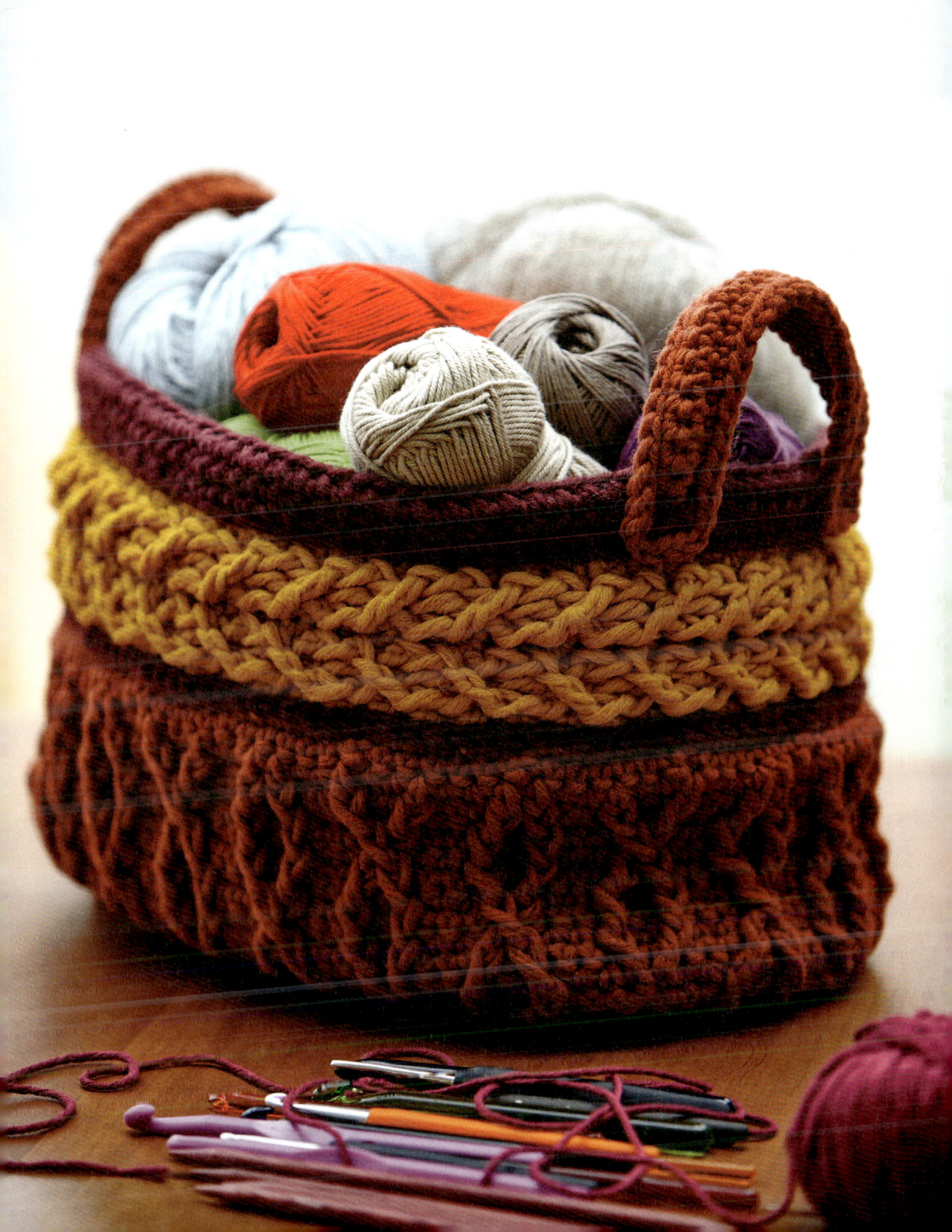

Den oberen Rand in Burgund arb; dazu den Faden an der Verbindungsnaht der Bordüre anschlingen, und zwar von innen, also von der Rückseite aus. In Rd fM häkeln, dabei die 1. fM jeweils durch 1 Lm ersetzen und die Rd mit 1 Km in die Ersatz-Lm schließen.
1. Rd: In jede R der Bordüre 1 fM häkeln, dabei die 3. + 4. M zusammen abmaschen, danach noch 16x jede 6. + 7. M zusammen abmaschen (= 100 M).
2.+3. Rd: fM häkeln.
4. Rd: fM häkeln, dabei in die hinteren Abmaschglieder der Vor-Rd einstechen (= Umbruchkante).
5.+6. Rd: fM häkeln. Anschließend den Rand an der Umbruchkante nach außen umlegen und mit Vorstichen entlang der Zopfbordüre festnähen. Unterhalb der Zopfbordüre eine Km-Linie in Burgund aufhäkeln. Dafür das Knäuel unter das Häkelteil legen, den Faden mit der Häkelnd von unten nach oben holen und dann fortlaufend einstechen, den Faden durchholen und durch die auf der Nadel liegende Schlinge ziehen.
Für den Boden ein Rechteck in Kupfer häkeln, der Lm-Anschlag bildet die Bodenmitte. Insgesamt 29 Lm anschl und in Hin- und Rückr fM häkeln, dabei in der 1. R die 1. fM in die 3. Lm ab Nd häkeln (= 28 M pro R). 6 R fM häkeln, dabei jeweils die 1. fM durch 1 Lm ersetzen und die letzte fM in die Ersatz-Lm der Vor-R häkeln. Danach den Faden abschneiden und die 2. Hälfte in entgegengesetzter Richtung anhäkeln. Dafür den Faden an der Anfangs-Lm anschlingen und die 1. R auf den Lm-Anschlag arb. Nach der 6. R den Faden nicht abschneiden. Mit 1 Lm wenden, dann das Rechteck umhäkeln wie folgt:
1. Rd: An den Längsseiten in jede M 1 fM häkeln, an den Ecken zunehmen, dafür in die 1. und letzte M 2 fM arb. An den Schmalseiten je 1 fM zwischen den einzelnen R und 1 fM auf den Lm-Anschlag häkeln. Zwischen den Zunahmen an den Ecken sind an den Schmalseiten jeweils 11 M gehäkelt (= 82 M in der Rd).
2. Rd: In jede M der Vor-Rd 1 fM häkeln, in die beiden Eck-M (Zunahmestellen) je 2 fM arb (= 90 M).

Tragegriffe

Für die Tragegriffe (ca. 21 cm lang, 3,5 cm breit) jeweils 29 Lm anschl und 3 R fM häkeln, dabei in der 1. R die 1. fM in die 3. Lm ab Nadel arb (= 28 M). In der 2. + 3. R die 1. fM jeweils durch 1 Lm ersetzen und am R-Ende die letzte fM in die Ersatz-Lm der Vor-R häkeln. Nach der 3. R 1 Lm arb, dann den Streifen rundum mit Km umhäkeln.

Fertigstellen

Korbteil und Boden miteinander verbinden, dafür an einer Schmalseite des Bodens die mittlere M markieren. Dann den Boden links auf links an den unteren Korbrand legen, dabei die markierte M des Bodens auf den Zopfstreifen rechts vom Rd-Übergang, und zwar auf die in Häkelschrift B markierte M ausrichten, siehe Pfeil a. An dieser Stelle zu häkeln beginnen und beide Teile mit Km M für M zusammenhäkeln, dabei von der Korbseite aus arb, sodass die Km außen liegen.
An den Seiten die Tragegriffe mit 6 cm Abstand zwischen den Enden mit einem doppelten Kreuzstich in Burgund auf die obere Blende nähen. Alle Fadenenden vernähen.

Nestis

plastische Zöpfe für ein gemütliches Nickerchen

GRÖSSE
ca. 60 cm x 40 cm

MATERIAL
- Schachenmayr Merino Extrafine 85 (LL 85 m/50 g) in Flieder (Fb 245), 200 g, und Pflaume (Fb 246), 300 g
- Häkelnadeln 5,0 mm und 6,0 mm
- Reißverschluss, 50 cm
- Kissenfüllung, 60 cm x 40 cm

MASCHENPROBE
Im Zopfmuster mit Nd 6,0 mm
1 Rapport (18 M) = ca. 11,5 cm breit;
12 R = ca. 10 cm hoch

Stäbchen und feste Maschen in Reihen mit Nd 6,0 mm
15 M = ca. 10 cm breit;
12 R = ca. 11 cm hoch

HÄKELSCHRIFT
Vorlagenbogen 2B

Zopfmuster

Nach der Häkelschrift in Hin- und Rückr arb. Die Zahlen kennzeichnen jeweils den R-Beginn; Zahlen am rechten Rand bezeichnen die Hinr, Zahlen am linken Rand die Rückr. Die M für die seitlichen Blenden (Rippenmuster) sind grau unterlegt, diese M in Pflaume, alle anderen M in Flieder arb. In der Breite jeweils bis zum 1. Pfeil häkeln, dabei am Rand für das Rippenmuster den markierten Rapport von 2 M insgesamt 6 x ausführen, dann den Rapport zwischen den Pfeilen 3x arb und mit den M nach dem 2. Pfeil enden, dabei am Rand für das Rippenmuster wieder den markierten Rapport von 2 M 6x ausführen. In der Höhe die 1. + 2. R 1x häkeln, dann die 3.-10. R (= Rapport in der Höhe) fortlaufend wdh.

Weiter geht es auf Seite 34

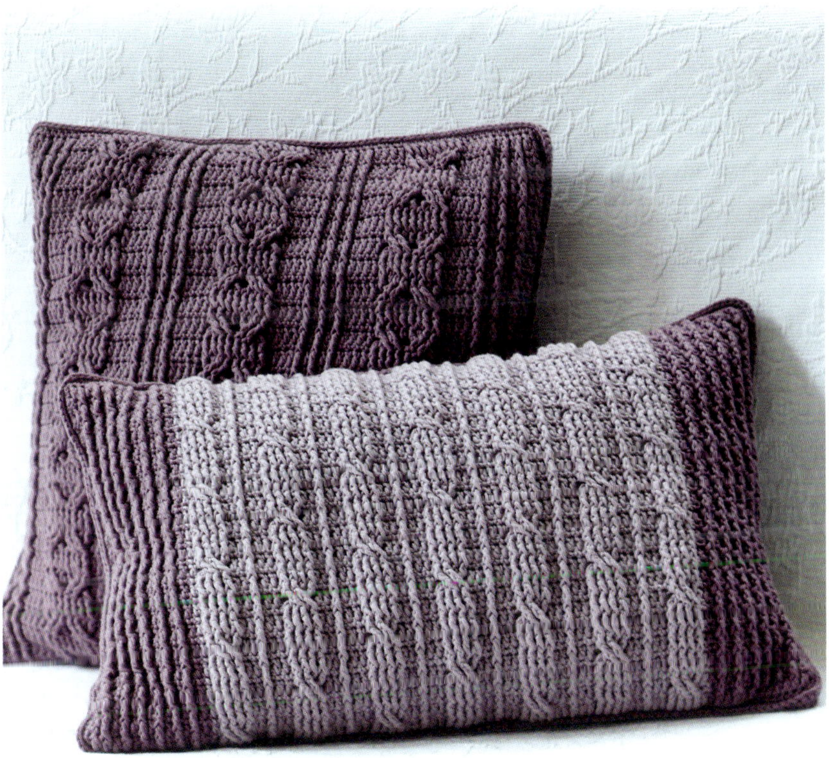

Hinweis zur Häkelschrift:

Alle Relief-Stb um die darunterliegenden M der Vor-R häkeln. Die Relief-DStb für das Rippenmuster um die darunterliegenden M der vorletzten R arb; sie liegen also über den fM der Vor-R. Für die Verkreuzungsstellen (siehe „So wird's gemacht") die Relief-DStb jeweils um die M häkeln, auf die der Pfeil zeigt.

Stäbchen und feste Maschen in Reihen

1. R (Hinr): In jede Lm des Lm-Anschlags 1 Stb häkeln, dabei das 1. Stb in die 5. Lm ab Nd arb.
2. R (Rückr): 1 Wende-Lm häkeln, dann in jedes Stb der Vor-R 1 fM arb, am R-Ende 2 fM in das letzte Stb der Vor-R häkeln (die Ersatz-Lm unbehäkelt lassen).
3. R (Hinr): 2 Lm als Ersatz für das 1. Stb arb, dafür die 1. fM der Vor-R übergehen, dann in jede M der Vor-R 1 Stb häkeln. Die 2. + 3. R fortlaufend wdh.

Anleitung

Kissenvorderseite

Für ca. 58 cm Breite insgesamt 91 Lm in Pflaume mit Häkelnd 6,0 mm anschl und ab der 1. R in folgender Farbeinteilung im Zopfmuster häkeln:
14 M in Pflaume, 60 M in Flieder,
14 M in Pflaume (= 88 M pro R). In der 1. R das 1. Stb in die 5. Lm ab Nd arb. Beim Farbwechsel die Fäden auf der Rückseite umeinanderschlingen und die letzte M bereits mit der folgenden Fb abmaschen. Nach den ersten 2 R die 3.-10. R 5x häkeln, dann die 3.-5. R anfügen (= insgesamt 45 R = ca. 37,5 cm). Den Faden in Pflaume am linken Rand nicht abschneiden, sondern gleich im Anschluss die Kissenvorderseite mit Häkelnd 5,0 mm rundum mit fM umhäkeln. Am oberen und unteren Rand in jede M bzw. Lm je 1 fM häkeln (= je 88 fM), an den seitlichen Rändern pro Stb-R 2 fM, in die 1. und 2. fM-R je 1 fM, danach 10 x in jede 2. fM-R je 1 fM häkeln (= 58 M). An allen 4 Seiten jeweils die 1. und letzte M markieren.

Kissenrückseite

Für die Kissenrückseite 2 Teile einfarbig in Pflaume arb. Für jedes Teil insgesamt 91 Lm mit Häkelnd 6,0 mm anschl und Stb und fM in R häkeln (siehe Seite 30), dabei in der 1. R das 1. Stb in die 5. Lm ab Nadel arb (= 88 M pro R). Ein Teil nach der 20. R (ca. 18 cm), das 2. Teil nach der 22. R (ca. 20 cm) beenden.
Die beiden Teile für die Kissenrückseite mit der letzten fM-R gegeneinanderlegen; die rechte Seite der Stb zeigt nach oben. Die beiden Teile jeweils von außen her auf ca. 5 cm Länge mit Überwendlingsstichen zusammennähen, die mittleren ca. 50 cm für den Reißverschluss offen lassen. An den seitlichen Rändern die exakte Mitte markieren. Dann die Kissenrückseite mit Häkelnd 5,0 mm mit fM in Pflaume umhäkeln, am oberen und unteren Rand je 88 fM arb, an den seitlichen Rändern je 58 fM häkeln (je 29 fM pro Hälfte), die 1. und letzte M pro Seite markieren.

Fertigstellen

Die Kissenvorder- und -rückseite links auf links legen und mit Häkelnd 5,0 mm M für M mit fM zusammenhäkeln, dabei die Eckmarkierungen beachten und in alle markierten M je 2 fM häkeln. Alle Fadenenden vernähen und den Reißverschluss unter die Schlitzkanten einnähen.

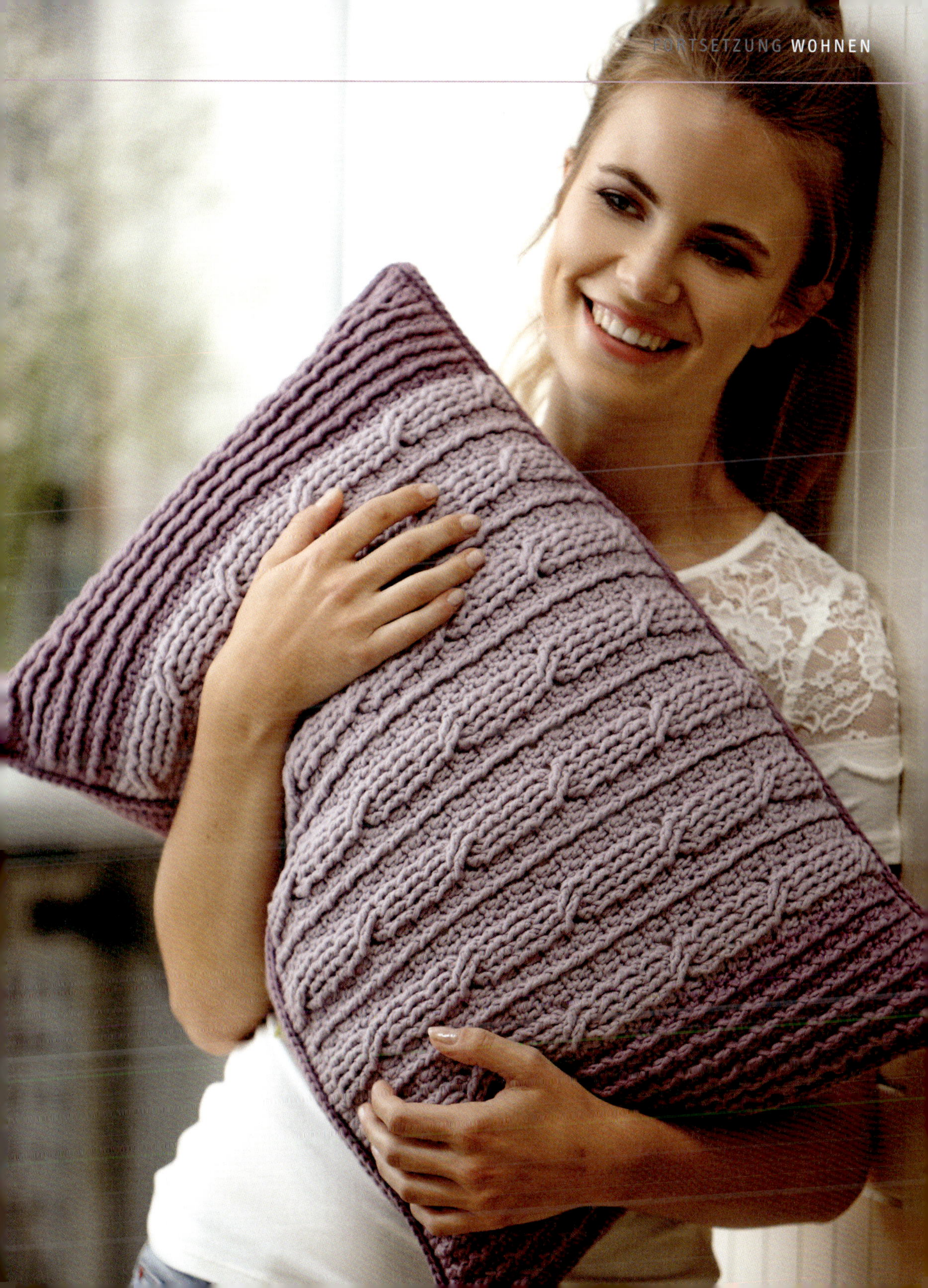

Oktopus

Kissenhülle mit breiten Zopfstreifen

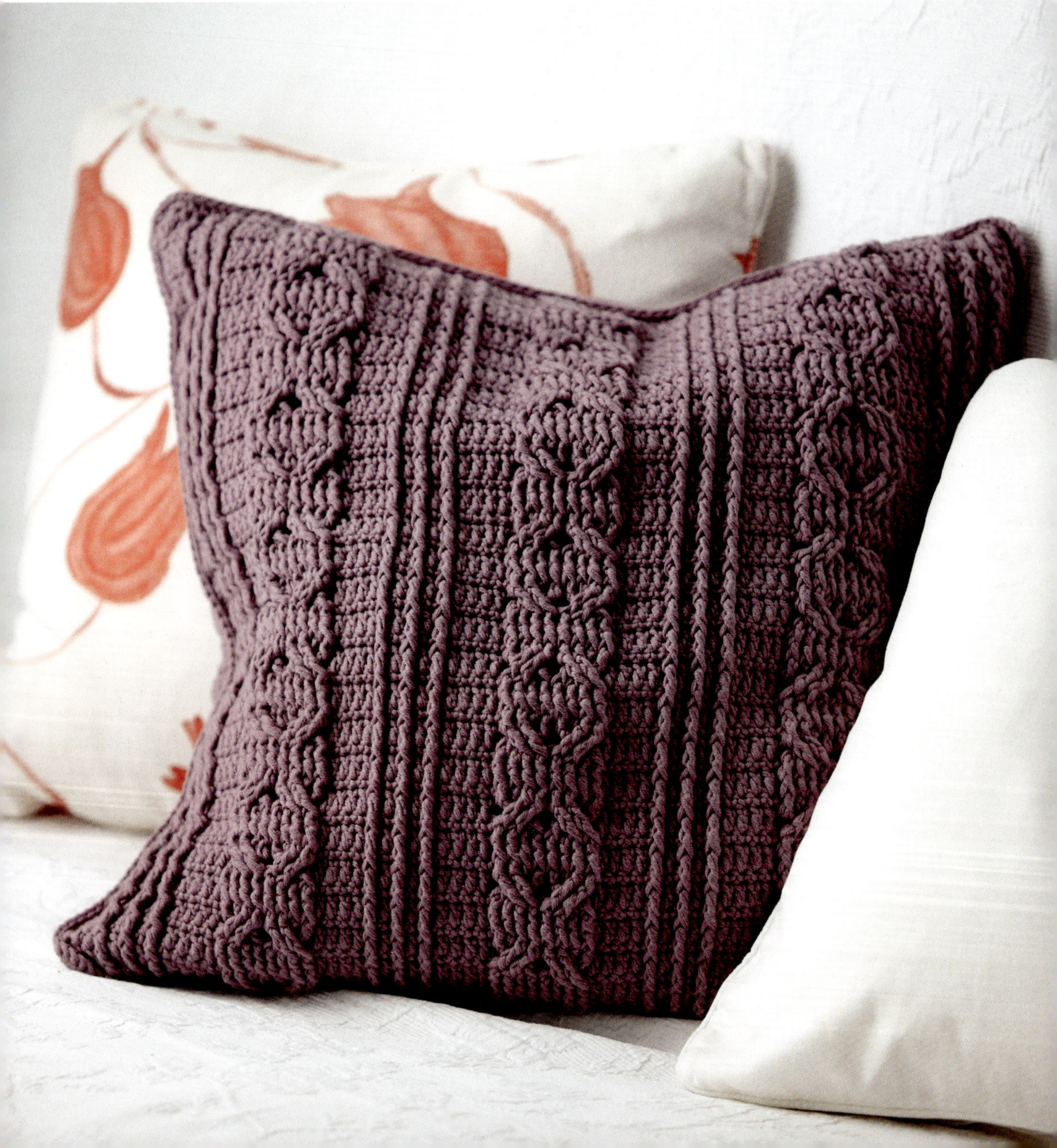

GRÖSSE
ca. 50 cm x 50 cm

MATERIAL

- Schachenmayr Merino Extra-fine 85 (LL 85 m/ 50 g) in Pflaume (Fb 246), 550 g
- Häkelnadeln 5,0 mm und 6,0 mm
- Reißverschluss, 40 cm
- Kissenfüllung, 50 cm x 50 cm

MASCHEN-PROBE
Im Zopfmuster mit Nd 6,0 mm
1 Rapport (21 M) = ca. 13,5 cm breit; 12 R = ca. 11 cm hoch

Stäbchen und feste Maschen in Reihen mit Nd 6,0 mm
15 M = ca. 10 cm breit; 12 R = ca. 11 cm hoch

HÄKEL-SCHRIFT
Vorlagenbogen 2B

Zopfmuster

Nach der Häkelschrift mit Häkelnd 6,0 mm in Hin- und Rückr arb. Die Zahlen kennzeichnen jeweils den R-Beginn; Zahlen am rechten Rand bezeichnen die Hinr, Zahlen am linken Rand die Rückr. In der Breite jeweils bis zum 1. Pfeil häkeln, dann den Rapport zwischen den Pfeilen 3x arb und mit den M nach dem 2. Pfeil enden. In der Höhe die 1. + 2. R 1x häkeln, dann die 3.-10. R (= Rapport in der Höhe) fortlaufend wdh.

Hinweis zur Häkelschrift: Alle Relief-Stb um die darunterliegenden M der Vor-R häkeln. Die Relief-DStb für das Rippenmuster um die darunterliegenden M der vorletzten R arb; sie liegen also über den fM der Vor-R. Für die Verkreuzungsstellen (siehe „So wird's gemacht") die Relief-DStb jeweils um die M häkeln, auf die der Pfeil zeigt.

Stäbchen und feste Maschen in Reihen

1. R (Hinr): In jede Lm des Lm-Anschlags 1 Stb häkeln, dabei das 1. Stb in die 5. Lm ab Nd arb.
2. R (Rückr): 1 Wende-Lm häkeln, dann in jedes Stb der Vor-R 1 fM arb, am R-Ende 2 fM in das letzte Stb der Vor-R häkeln (die Ersatz-Lm unbehäkelt lassen).
3. R (Hinr): 2 Lm als Ersatz für das 1. Stb arb, dafür die 1. fM der Vor-R übergehen, dann in jede M der Vor-R 1 Stb häkeln. Die 2. + 3. R fortlaufend wdh.

Anleitung

Kissenvorderseite

Für ca. 48 cm Breite insgesamt 77 Lm mit Häkelnd 6,0 mm anschl und im Zopfmuster häkeln, dabei in der 1. R das 1. Stb in die 5. Lm ab Nd arb (= 74 M pro R). Nach den ersten 2 R die 3.-10. R 6x häkeln, dann die 3.-5. R anfügen (= insgesamt 53 R = ca. 48,5 cm).
Den Faden nicht abschneiden, sondern gleich im Anschluss die Kissenvorderseite mit Häkelnd 5,0 mm rundum mit fM umhäkeln, pro Seite 74 fM arb, d. h. am oberen und unteren Rand in jede M bzw. Lm je 1 fM häkeln, an den seitlichen Rändern pro Stb-R 2 fM, in die fM-R je 1 fM, jedoch gleichmäßig verteilt 6x die fM-R übergehen. An allen 4 Seiten jeweils die 1. und letzte M markieren.

Kissenrückseite

Für die Kissenrückseite 2 Teile arb. Für jedes Teil insgesamt 77 Lm mit Häkelnd 6,0 mm anschl und Stb und fM in R häkeln (siehe links), dabei in der 1. R das 1. Stb in die 5. Lm ab Nd arb (= 74 M pro R). Nach der 26. R (fM-R) enden (= ca. 24 cm Höhe).
Die beiden Teile für die Kissenrückseite mit der letzten fM-R gegeneinanderlegen; die rechte Seite der Stb zeigt nach oben. Die beiden Teile jeweils von außen her auf ca. 5 cm Länge mit Überwendlingsstichen zusammennähen, die mittleren ca. 40 cm für den Reißverschluss offen lassen. Dann die Kissenrückseite mit Häkelnd 5,0 mm mit je 74 M pro Seite umhäkeln; die 1. und letzte M pro Seite markieren.

Fertigstellen

Die Kissenvorder- und -rückseite links auf links legen und mit Häkelnd 5,0 mm M für M mit fM zusammenhäkeln, dabei die Eckmarkierungen beachten und in alle markierten M je 2 fM häkeln. Alle Fadenenden vernähen und den Reißverschluss unter die Schlitzkanten einnähen.

Heiße Sache

Luxus-Topflappen mit raffinierten Mustern

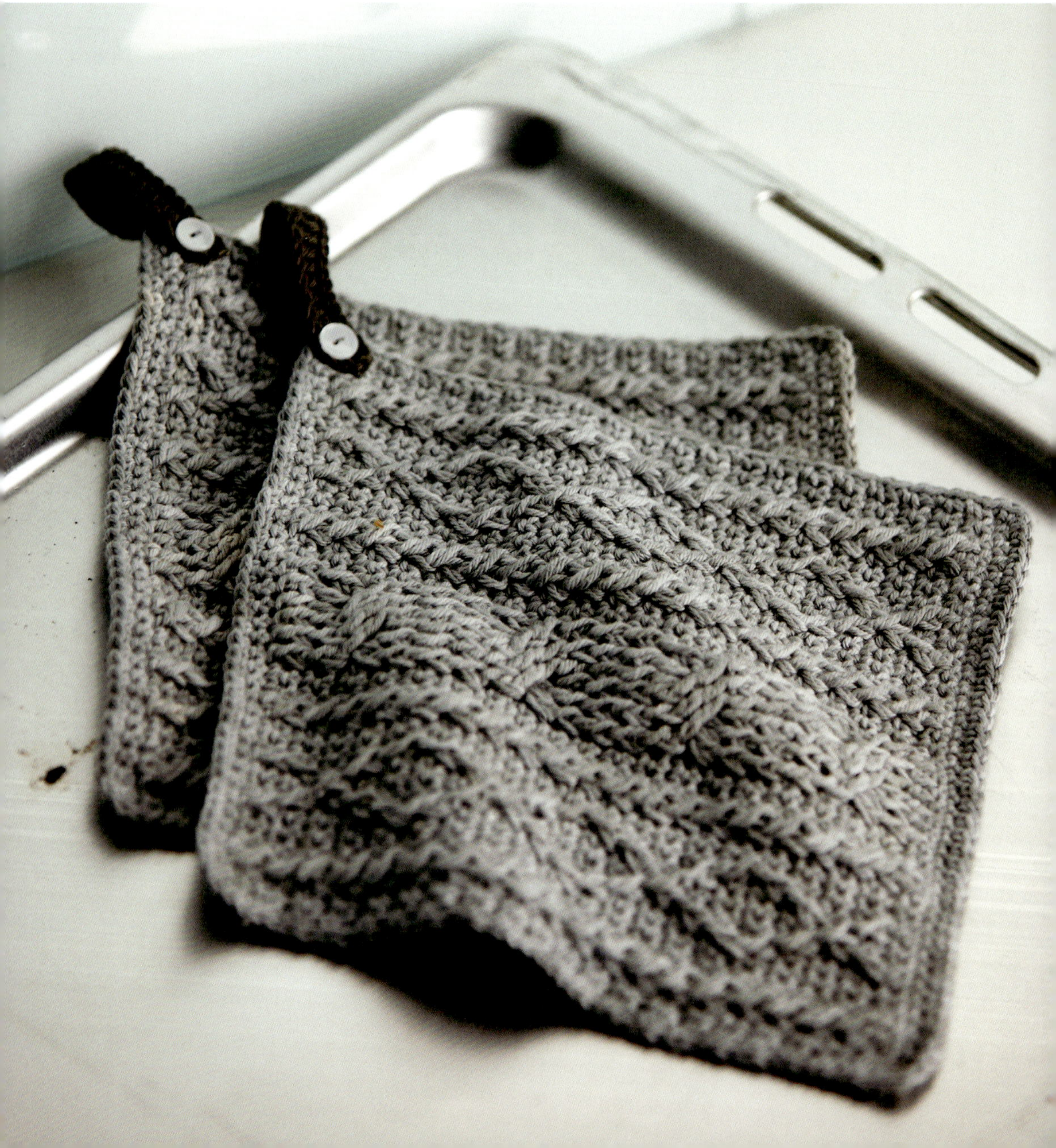

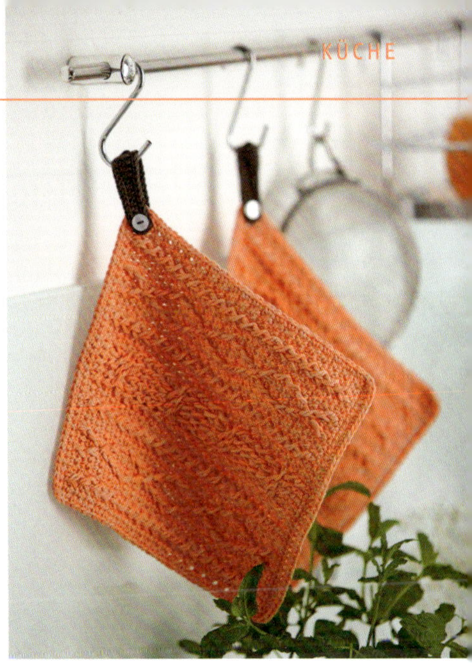

GRÖSSE
ca. 19,5 cm x 19,5 cm

MATERIAL
- Schachenmayr Catania Denim (LL 125 m/50 g) in Zinn (Fb 190) oder Mandarin (Fb 124), je 100 g
- Schachenmayr Catania in Anthrazit (Fb 429), Rest
- Häkelnadel 4,0 mm
- pro Topflappenpaar 4 weiße Knöpfe, ø 10 mm

MASCHENPROBE
Im Zopfmuster mit Nd 4,0 mm
14 M (= Mittelzopf einschließlich der beidseitigen schmalen Zöpfe) = ca. 7 cm breit;
23 R = ca. 10 cm hoch

HÄKELSCHRIFT
Vorlagenbogen 2B

Zopfmuster

Nach der Häkelschrift in Hin- und Rückr arb. Die Zahlen kennzeichnen jeweils den R-Beginn. Es sind nur die Hinr gezeichnet. In den Rückr mit 1 Lm wenden und in jede M der Vor-R 1 fM häkeln. Die Häkelschrift zeigt die ganze Topflappenbreite. In der Höhe die 1.-6. R 1x häkeln, dann die 7.-16. R (= Rapport in der Höhe) fortlaufend wdh.

Hinweis zur Häkelschrift: Die Relief-Stb jeweils um die M häkeln, auf die der Pfeil zeigt. Die Relief-Stb liegen auf der Vorderseite also immer über den fM der Rückr. Für jedes Relief-Stb 1 Abmaschglied der Vor-Rd übergehen. Für die Verkreuzungsstellen (siehe „So wird's gemacht") Relief-Stb bzw. bei dem breiten Mittelzopf Relief-DStb häkeln.

Anleitung

39 Lm anschl und 2 R fM arb, dabei in der 1. R die 1. fM in die 2. Lm ab Nd häkeln (= 38 M pro R). Die 2. R (Rückr) ist zur besseren Übersicht in der Häkelschrift grau eingezeichnet. Nach diesen beiden Anfangs-R das Zopfmuster häkeln, dabei den Rapport in der Höhe 3x ausführen. Dann die letzten 4 R (= 37.-40. R) anfügen.
Nach der letzten R mit 1 Lm wenden und den Topflappen rundum umhäkeln. Am oberen und unteren Rand in jede M 1 fM häkeln, an den Ecken in die 1. und letzte M je 2 fM arb und an den seitlichen Rändern abwechselnd 1 fM, 1 Lm häkeln, dabei die fM immer nach 2 R arb, dabei in die „Rillen" zwischen den Rippen aus je 2 R einstechen. Die Rd mit 1 Km in die 1. fM schließen.

Aufhänger

In Anthrazit 27 Lm anschl. In die 3. Lm ab Nd 1 hStb arb. In die folgenden 7 Lm jeweils 1 hStb häkeln, in die folgenden 8 Lm je 1 Stb und in die letzten 9 Lm wieder hStb häkeln. Dann den Streifen rundum mit Km umhäkeln. Mit 2 Lm für den Rd-Anfang beginnen und am unteren Streifenrand in jede Lm des Lm-Anschlags 1 Km arb. Nach der letzten Km wieder 2 Lm häkeln, dann am oberen Rand in jedes Abmaschglied der 1. R 1 Km häkeln.

Fertigstellen

Den Aufhänger zur Hälfte legen und die schmalen Enden mit den Fadenenden an der rechten oberen Ecke der Topflappen (seitlich vom äußeren schmalen Zopf) festnähen.
Als Schmuck und zur zusätzlichen Fixierung einen Knopf auf der Vorderseite mit einem Gegenknopf auf der Rückseite auf das untere Ende des Aufhängers nähen.

Das Zopfgitter liegt plastisch auf einem Untergrund aus festen Maschen.

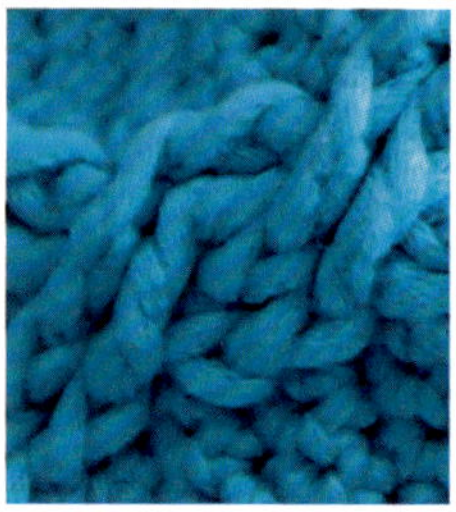

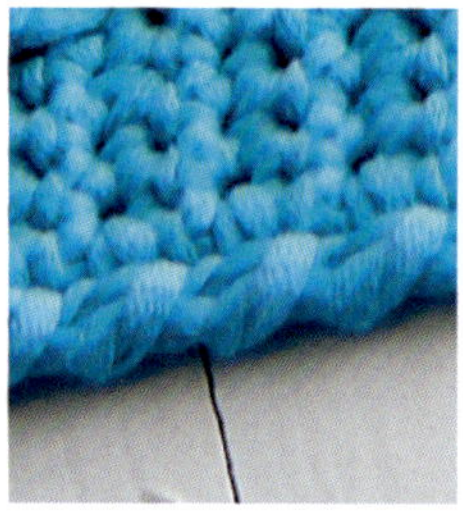

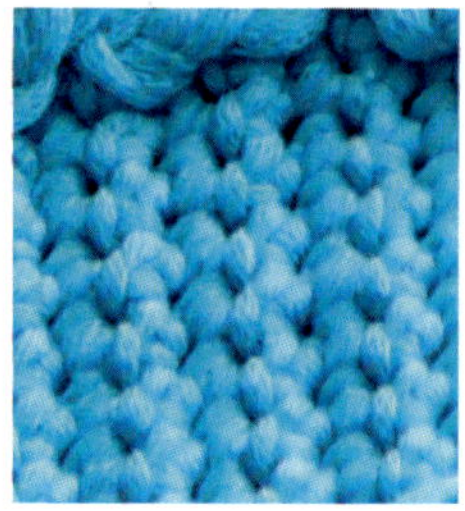

Klar Schiff

Duschvorlage mit plastischem Rhombengitter

GRÖSSE
ca. 49 cm x 71 cm

MATERIAL
- Schachenmayr Journey (LL 90 m/50 g) in Pool (Fb 65), 450 g
- Häkelnadel 5,0 mm

MASCHENPROBE
Im Zopfmuster
mit Nd 5,0 mm
1 Rapport (12 M)
= ca. 6,6 cm breit;
20 R = ca. 10 cm hoch

HÄKELSCHRIFT
Vorlagenbogen 2A

Zopfmuster

Nach der Häkelschrift in Hin- und Rückr arb. Die Zahlen kennzeichnen jeweils den R-Beginn. Es sind nur die Hinr gezeichnet. In den Rückr mit 1 Lm wenden und in jede M der Vor-R 1 fM häkeln. In der Breite jeweils bis zum 1. Pfeil häkeln, dann den Rapport zwischen den Pfeilen 6x arb und mit den M nach dem 2. Pfeil enden. In der Höhe die 1.-10. R 1x häkeln, danach die 11.-38. R (Rapport) fortlaufend wdh.

Hinweis zur Häkelschrift: Die Relief-M jeweils um die M häkeln, auf die der Pfeil zeigt. Die Relief-M liegen auf der Vorderseite also immer über den fM der Rückr. Für jedes Relief-Stb 1 Abmaschglied der Vor-R übergehen. Für die Verkreuzungsstellen (siehe „So wird's gemacht") Relief-DStb häkeln.

Anleitung

87 Lm anschl.

1. R (Hinr): fM arb, dabei die 1. fM in die 2. Lm ab Nadel häkeln (= 86 M pro R).

2. R (Rückr): Mit 1 Lm wenden, dann in jede M der Vor-R 1 fM arb.

Danach im Zopfmuster weiterhäkeln. Nach 122 R im Zopfmuster (= nachdem der Rapport in der Höhe insgesamt 4x gehäkelt worden ist) nach der 38. Muster-R noch 1x die 11.-24. R arb. In der folgenden Hinr in jede M 1 fM häkeln, um jedes Relief-Stb 1 Relief-Stb arb. In der folgenden Rückr in jede M 1 fM häkeln.

Anschließend die Duschvorlage rundum umhäkeln wie folgt:

1. Rd: An den Schmalseiten in jede M 1 fM häkeln, an den Ecken je 2 fM in eine Einstichstelle arb und an den Längsseiten abwechselnd 1 fM, 1 Lm häkeln, dabei die fM immer nach 2 R arb, d. h. in die „Rillen" zwischen den Rippen aus je 2 R einstechen.

2. Rd: Nach 1 Lm Krebsmaschen häkeln, (siehe „So wird's gemacht"), dabei die 1. fM in die folgende M, danach die fM in jede 2. M arb, an den Ecken jeweils 1x in die folgende M.

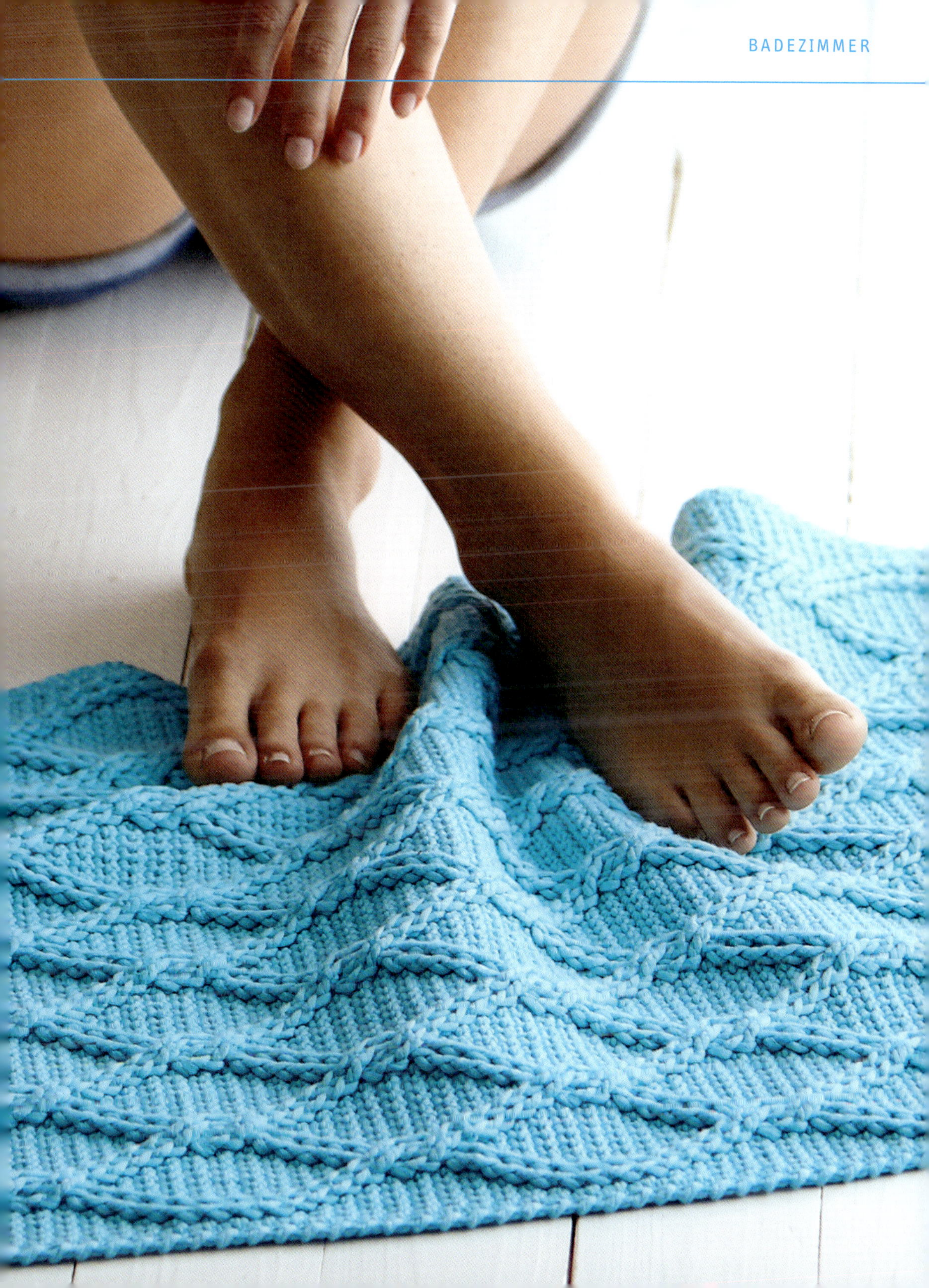

Poseidon

praktische Körbchen – nicht nur fürs Bad

GRÖSSE

Großes Körbchen:
ca. 52 cm Umfang;
10,5 cm hoch

Kleines Körbchen:
ca. 42 cm Umfang;
8,5 cm hoch

MATERIAL

- Schachenmayr Journey (LL 90 m/50 g) in Pool (Fb 65) und Smaragd (Fb 70), je 100 g
- Häkelnadel 5,0 mm

MASCHENPROBE

Im Zopfmuster
mit Nd 5,0 mm
17 M und 10 Rd
= 10 cm x 5 cm

HÄKELSCHRIFT

Vorlagenbogen 2A

Feste Maschen in Spiral-Runden

Beim Häkeln in Spiral-Rd werden die fM fortlaufend gehäkelt, d. h. die Km zum Schließen der Rd und die Anfangs-Lm, die normalerweise die 1. M ersetzen, entfallen. Da es bei dieser Methode keinen sichtbaren Rd-Übergang gibt und daher die Kontrolle der M-Anzahl nicht ganz einfach ist, empfiehlt es sich, jeweils am Anfang einer Rd einen Faden in einer Kontrastfarbe einzulegen. Dann die Rd nach der Anleitung bis zum Faden zu Ende häkeln. Nach Rd-Ende den Faden entfernen und für die neue Rd am Rd-Anfang wieder neu einlegen.

Zopfmuster

Nach der Häkelschrift in Hin- und Rückrd arb, d. h. nach jeder Rd wenden. Die Zahlen kennzeichnen jeweils den Rd-Beginn. Es sind nur die Hinrd gezeichnet. In den Rückrd die 1. fM jeweils durch 1 Lm ersetzen, dann in jede M der Vor-Rd 1 fM häkeln. In der Breite vom Rd-Übergang aus das Muster fortlaufend arb und wie vor dem Rd-Übergang gezeichnet enden. Jede Rd mit 1 Km schließen. In der Höhe die 1.-6. Rd 1x häkeln, danach die 7.-10. Rd fortlaufend wdh.

Tipp zum Wenden: Darauf achten, dass nach dem Wenden die 1. M nicht in die Km gehäkelt wird, d. h. die Lm und die Km übergehen und die 1. M in das folgende Abmaschglied häkeln.

Hinweis zur Häkelschrift: Die Relief-Stb jeweils um die M häkeln, auf die der Pfeil zeigt. Die Relief-Stb liegen auf der Vorderseite also immer über den fM der Rückr. Für jedes Relief-Stb 1 Abmaschglied der Vor-Rd übergehen. Für die Verkreuzungsstellen (siehe „So wird's gemacht") Relief-Stb häkeln.

Anleitung

Großer Korb

Mit dem Boden in Smaragd beginnen und einen Kreis aus fM in Spiral-Rd arb wie folgt:

1. Rd: In den Fadenring nach 1 Lm 6 fM häkeln.
2. Rd: Jede M verdoppeln (= 2 fM in eine Einstichstelle arb; = 12 M).
3. Rd: Jede 2. M verdoppeln (= 18 M).
4. Rd: 6x jede 3. M verdoppeln (= 24 M).
5. Rd: Die 2. M, dann 5x jede 4. M verdoppeln (= 30 M).
6. Rd: 6x jede 5. M verdoppeln (= 36 M).
7. Rd: Die 3. M, dann 5x jede 6. M verdoppeln (= 42 M).
8. Rd: 6x jede 7. M verdoppeln (= 48 M).
9. Rd: Die 4. M, dann 5x jede 8. M verdoppeln (= 54 M).
10. Rd: 6x jede 9. M verdoppeln (= 60 M).
11. Rd: Die 5. M, dann 5x jede 10. M verdoppeln (= 66 M).
12. Rd: 6x jede 11. M verdoppeln (= 72 M).
13. Rd: Die 6. M, dann 5x jede 12. M verdoppeln (= 78 M). In die folgende M 1 Km häkeln, dann die weiteren Rd mit Rd-Übergang arb.

Weiter geht es auf Seite 44

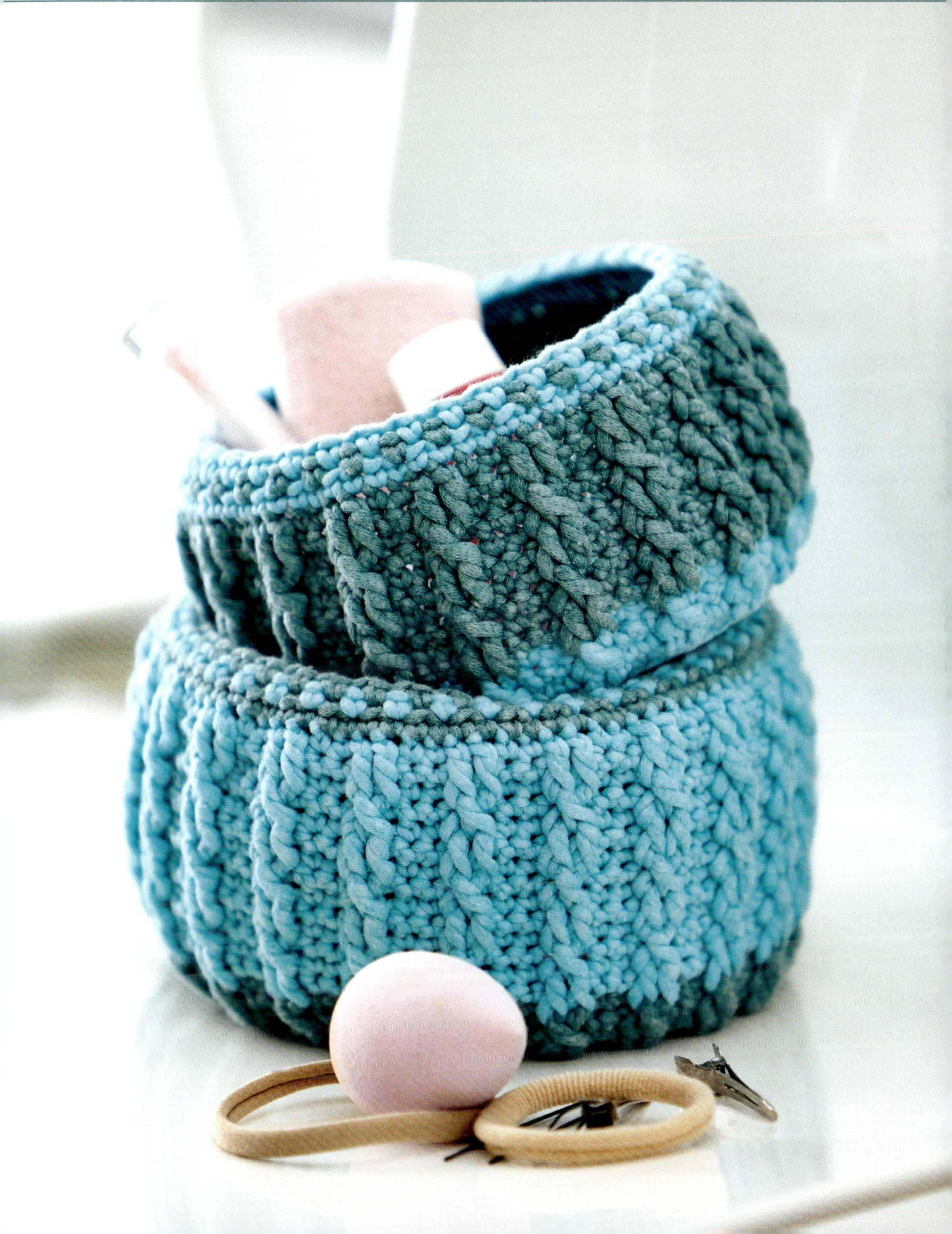

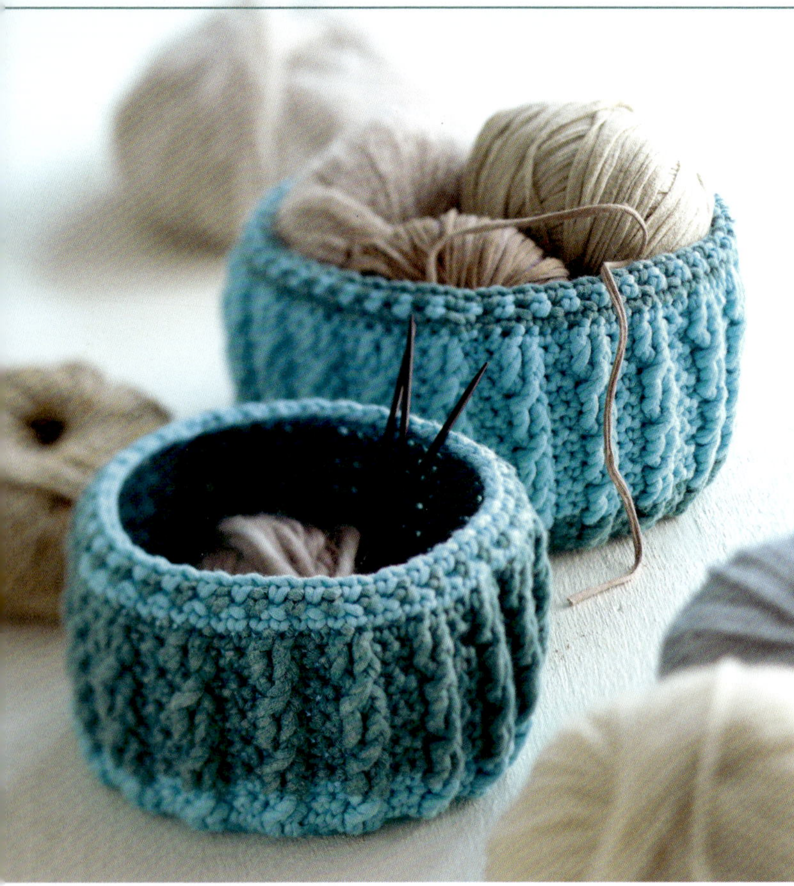

Die 14. Rd markiert die Kante zwischen Boden und Seitenwand des Körbchens.
14. Rd: fM ins hintere Abmaschglied der Vor-Rd häkeln, dabei die 1. M durch 1 Lm ersetzen und die 6. M verdoppeln, danach noch 9x jede 8. M verdoppeln (= 88 M). Danach mit dem Zopfmuster beginnen. Die untere grau gezeichnete Rd entspricht der zuletzt gehäkelten Rd aus fM. Die 1.-3. Rd noch in Smaragd häkeln, ab der 4. Rd (= Rückrd) in Pool weiterarb. Beim Farbwechsel am Rd-Übergang die Km zum Schließen der Rd bereits mit der neuen Fb ausführen. Nach insgesamt 14 Rd in Pool für den Abschluss die oberen 3 Hinrd anfügen, dabei die 1. und letzte Rd in Smaragd, die mittlere Rd in Pool arb.

Kleiner Korb

Mit dem Boden in Pool beginnen und einen Kreis aus fM in Spiral-Rd arb. Bis zur 11. Rd wie den großen Korb häkeln (= 66 M). In die folgende M 1 Km häkeln, dann die Rd mit Rd-Übergang arb. Die 12. Rd markiert die Kante zwischen Boden und Seitenwand des Körbchens.
12. Rd: fM ins hintere Abmaschglied der Vor-Rd häkeln, dabei die 1. M durch 1 Lm ersetzen und 6x jede 11. M verdoppeln (= 72 M). Danach mit dem Zopfmuster beginnen. Die untere grau gezeichnete Rd entspricht der zuletzt gehäkelten Rd aus fM. Die 1.-3. Rd noch in Pool häkeln, ab der 4. Rd (= Rückrd) in Smaragd weiterarb. Beim Farbwechsel am Rd-Übergang die Km zum Schließen der Rd bereits mit der neuen Fb ausführen. Nach insgesamt 10 Rd in Smaragd für den Abschluss die oberen 3 Hinrd anfügen, dabei die 1. und letzte Rd in Pool, die mittlere Rd in Smaragd arb.

Hinweis: Die angegebene Garnmenge reicht für beide Körbchen; falls nur ein Körbchen gehäkelt wird, genügen 50 g pro Fb.

Schrägbalkenzopf [16 + 8 M + 1 Ersatz-Lm]

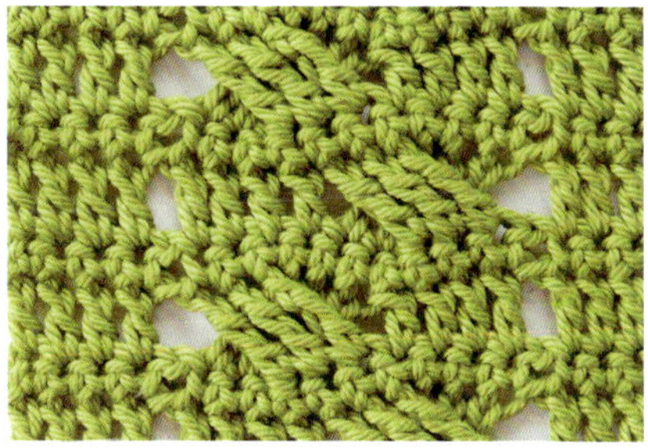

Zeichenerklärung

○ 1 Luftmasche

× 1 feste Masche

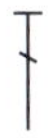 1 Stäbchen

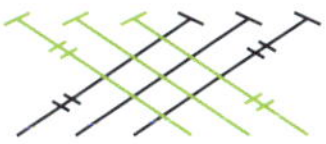 2x 3 Doppelstäbchen nach links verkreuzen: 3 Maschen der Vorreihe übergehen, je 1 Doppelstäbchen in die folgenden 3 Maschen der Vorreihe häkeln, danach vor den gehäkelten Doppelstäbchen zurückgehend in die 3 übersprungenen Maschen je 1 Doppelstäbchen häkeln, sodass diese obenauf liegen und nach links gerichtet sind.

In R nach der Häkelschrift häkeln, dabei ist die 1. R eine Rückr. Mit den M vor dem Rapport beginnen, den markierten Rapport von 16 M fortlaufend wdh und mit den M nach dem Rapport enden. Die 1.-5. R 1x arb, dann die 2.-5. R fortlaufend wdh.

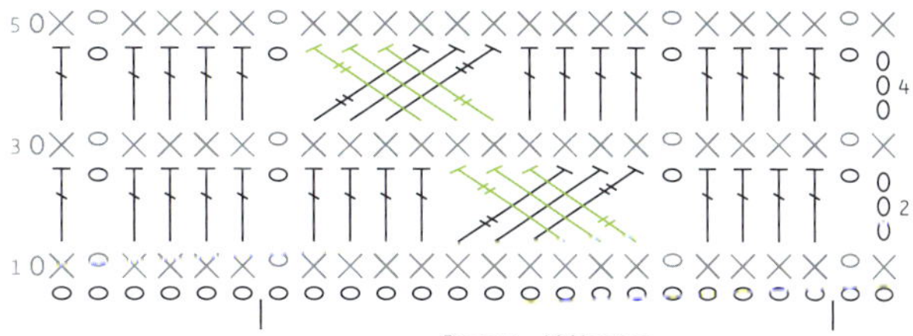

Rapport = 16 Maschen

Versetzter Doppelzopf [20 + 10 M + 3 Ersatz-Lm]

In R nach der Häkelschrift häkeln, dabei ist die 1. R eine Rückr. Mit den M vor dem Rapport beginnen, den markierten Rapport von 20 M fortlaufend wdh und mit den M nach dem Rapport enden. Die 1.-5. R 1x arb, dann die 2.-5. R fortlaufend wdh. Die auf der Vorderseite obenauf liegenden Doppelstäbchen sind farbig gezeichnet.

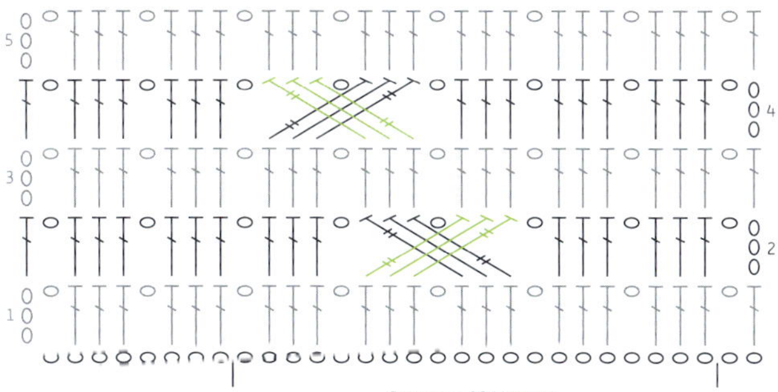

Rapport = 20 Maschen

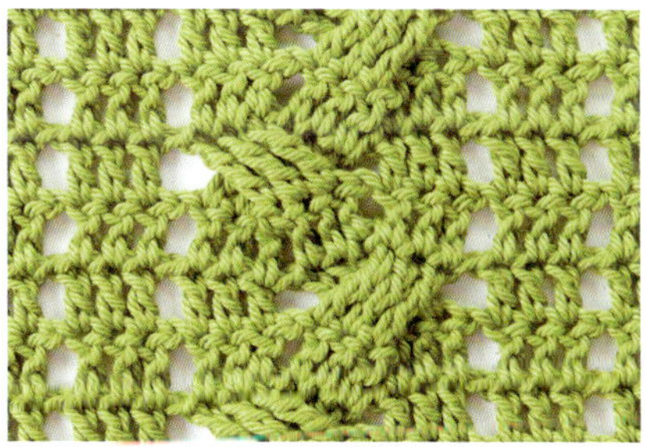

Zeichenerklärung

○ 1 Luftmasche

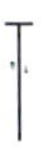 1 Stäbchen

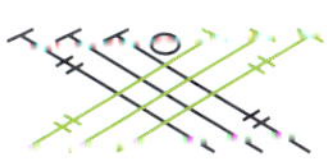 2x 3 Doppelstäbchen nach rechts verkreuzen mit 1 Luftmasche dazwischen: 3 Stäbchen und 1 Luftmasche der Vorreihe überspringen, je 1 Doppelstäbchen in die folgenden 3 Stäbchen der Vorreihe, danach 1 Luftmasche häkeln, dann hinter den gehäkelten Doppelstäbchen zurückgehend in die übersprungenen 3 Stäbchen je 1 Doppelstäbchen häkeln. Die obenauf liegenden Doppelstäbchen sind nach rechts gerichtet.

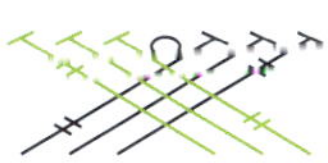 2x 3 Doppelstäbchen nach links verkreuzen mit 1 Luftmasche dazwischen: 3 Stäbchen und 1 Luftmasche der Vorreihe überspringen, je 1 Doppelstäbchen in die folgenden 3 Stäbchen der Vorreihe, danach 1 Luftmasche häkeln, dann vor den gehäkelten Doppelstäbchen zurückgehend in die übersprungenen 3 Stäbchen je 1 Doppelstäbchen häkeln, sodass diese obenauf liegen und nach links gerichtet sind.

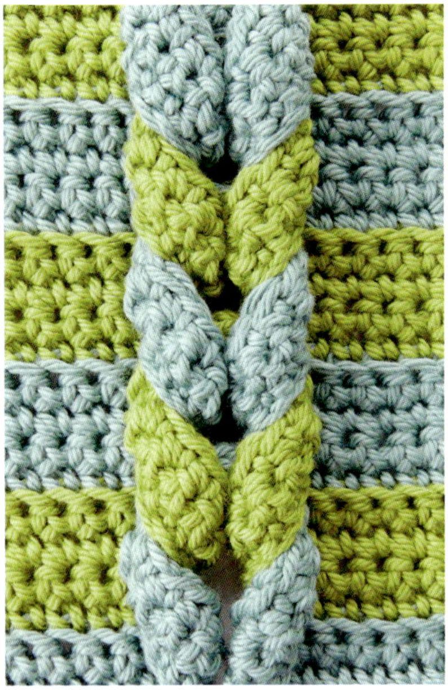

Geflochtene Zopfkette

[Zopfbreite entspricht 6 Grundmuster-M]

In R nach der Häkelschrift häkeln. Gezeichnet sind der Zopf und beidseitig davon je 5 M im Grundmuster. Die M-Breite des Grundmusters beliebig festlegen und bei der Mustereinteilung beachten, dass die Zöpfe zu beiden Seiten hin je 3 Grundmuster-M verdecken.

Zopfschlaufen: Für jeden Zopf werden im 1. Schritt Schlaufen innerhalb des Grundmusters eingehäkelt, wofür jeweils über einer Lm-Kette 3 R mit fM gehäkelt werden. Die 1.-8. R 1x arb, dann die 5.-8. R fortlaufend wdh, dabei alle 4 R die Farbe wechseln, also stets mit dem Beginn einer Schlaufe. Am Ende des Häkelteils die Abschluss-R a, b, c und d anfügen. Im 2. Schritt werden die Schlaufen geflochten.

Zopf flechten: Alle Schlaufen auf die Oberseite des Häkelteils legen. Die 1. Schlaufe, die bei der Anschlagkante liegt, nach hinten umstülpen, als würde man einen Kragen umlegen, sodass die Anschlagkante hinten liegt und die Abmaschglieder der letzten Schlaufen-R nach oben zeigen.

Nun mit dem Flechten beginnen. Die 2. Schlaufe von hinten nach vorne durch die 1. Schlaufe stecken und sogleich wie die 1. Schlaufe nach hinten umstülpen. Die nächste Schlaufe durch die 2. Schlaufe stecken, ebenfalls umstülpen usw., bis der ganze Zopf geflochten ist. Die letzte Schlaufe zunächst mit einer Sicherheits-Nd festhalten, sie wird beim Umhäkeln der Kante mit fM fixiert (siehe Abschluss-R e) oder festgenäht.

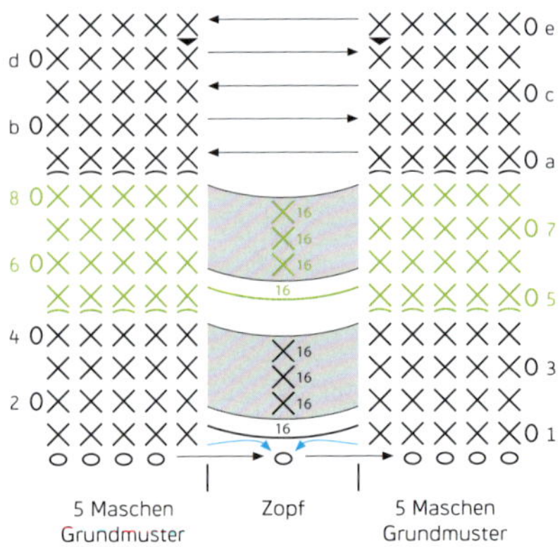

Zeichenerklärung

○	1 Luftmasche
✕	1 feste Masche
16 (Bogen)	16 Luftmaschen (locker häkeln)
✕ (mit Bogen darunter)	1 feste Masche nur in das hintere Maschenglied
✕16 ✕16 ✕16	16 feste Maschen in die Kette aus 16 Luftmaschen häkeln, es folgen weitere 2 Reihen mit je 16 festen Maschen.
✕ (mit Pfeil)	Zopfschlaufe mit einer festen Masche fixieren: zunächst in die Schlaufenmasche, dann in die Masche der Vorreihe einstechen, den Faden durchholen und die feste Masche fertighäkeln.
→	Überbrückung: Zur übersichtlichen Darstellung der Zopfschlaufen sind in der Häkelschrift Lücken eingezeichnet, die mit einem Pfeil überbrückt sind. Diese Stellen haben beim Häkeln keine Bedeutung, d. h., die Reihen a bis e nach der letzten Schlaufe des Häkelteils werden immer ohne Unterbrechung durchgehend gehäkelt. Dies betrifft auch den Luftmaschenanschlag.

Bändchenzopf [Zopfbreite entspricht 6 Grundmuster-M]

In Segmenten A, B und C getrennt voneinander arb. Die Bänder für den Zopf (= Segment A) in R nach Häkelschrift 1 häkeln. Die Seitenstreifen (= Segmente B und C) bzw. Zwischenstreifen beim Häkeln von mehreren Zöpfen in R nach Häkelschrift 2 arb. Gezeichnet sind der Zopf, der durch das Verkreuzen von 2 gehäkelten Bändern entsteht, und beidseitig davon je 5 M im Grundmuster.

Zopfbänder: Nach der 1. R mit 6 fM 2 Bänder getrennt voneinander über je 3 M arb. Jedes Band mit einem separaten Knäuel arb, sodass es beliebig zu verlängern ist. Für das 1. Band die 2. und 3. R fortlaufend wdh, für das 2. Band in der Mitte der 1. R neu anketten und die Reihen a und b fortlaufend wdh.

Seiten- bzw. Zwischenstreifen: Die M-Breite für das Grundmuster beliebig festlegen. Alternativ zu fM ist jedes andere Muster möglich, wichtig dabei ist der regelmäßige Rhythmus bei der Verbindung zum Zopf. Am Anfang einer Hinr bzw. Rückr die Verbindungen zu den Zopfbändern ausführen, dabei sollte das Häkelteil immer mit der rechten Seite nach oben liegen, damit die Verbindungsstellen identisch aussehen. Die Anbindungen zu den Bändern sind in jeder 2. fM-Reihe, vor jeder Anbindung werden die Bänder überkreuzt. Das fertige Segment B mit dem Fadenanfang am Zopf festnähen.

Häkelschrift 1

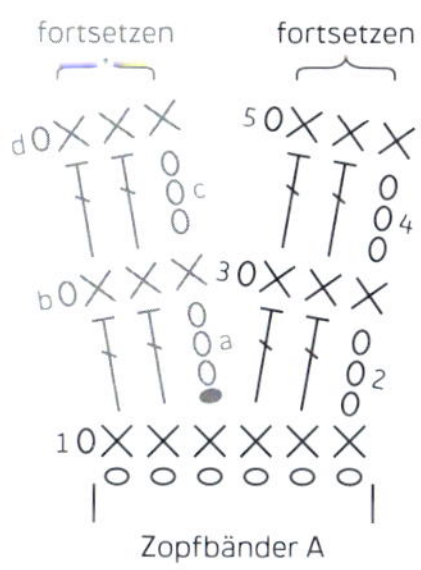

Zeichenerklärung

- 1 Luftmasche
- 1 Kettmasche
- 1 feste Masche
- 1 Stäbchen
- Anschlingen: Häkelnadel aus der Schlinge nehmen, rechte Seite des Häkelteils liegt oben, beim Band in die feste-Maschen-Reihe von oben einstechen, die Schlinge wieder aufnehmen und durchziehen, danach 1 Luftmasche häkeln und die Reihe fortsetzen.

Häkelschrift 2

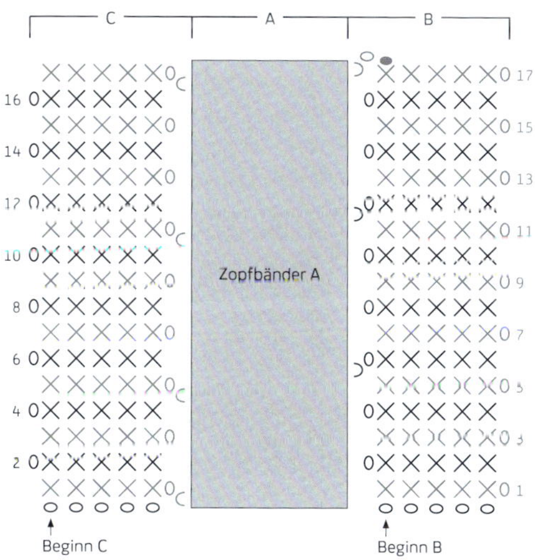

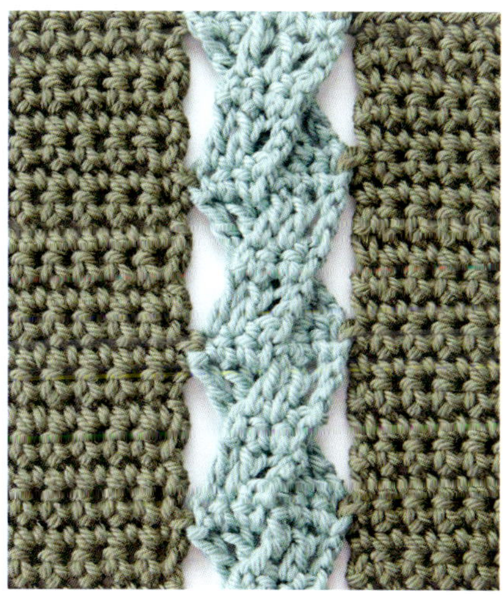

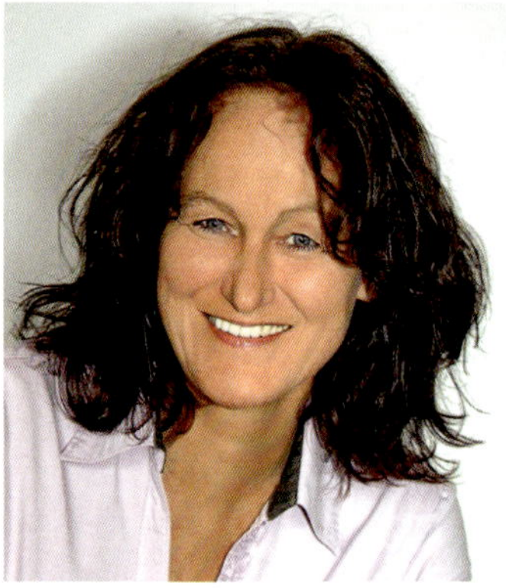

Anne Thiemeyer hat ihr Hobby zum Beruf gemacht. Die Liebe zum Handarbeiten wurde schon in ihrer Kindheit geweckt, als ihre Tante ihr das Häkeln, Stricken und Sticken beibrachte. Nach Abschluss ihres Studiums zur Textilingenieurin arbeitete sie in verschiedenen Redaktionen und spezialisierte sich dabei auf ihre Lieblingstechnik, das Häkeln. Seit 2000 ist sie als freiberufliche Redakteurin und Designerin für Verlage und Garnfirmen tätig.

DANKE!

Wir danken den folgenden Firmen für die Unterstützung bei diesem Buch:
www.schachenmayr.com
www.mezcrafts.com
www.prym.com

TOPP – Unsere Servicegarantie

WIR SIND FÜR SIE DA! Bei Fragen zu unserem umfangreichen Programm oder Anregungen freuen wir uns über Ihren Anruf oder Ihre Post. Loben Sie uns, aber scheuen Sie sich auch nicht, Ihre Kritik mitzuteilen – sie hilft uns, ständig besser zu werden.

Bei Fragen zu einzelnen Materialien oder Techniken wenden Sie sich bitte an unseren Kreativservice, Frau Erika Noll.
mail@kreativ-service.info
Telefon 0 50 52 / 91 18 58

Das Produktmanagement erreichen Sie unter:
pm@frechverlag.de
oder:
frechverlag
Produktmanagement
Turbinenstraße 7
70499 Stuttgart
Telefon 07 11 / 8 30 86 68

LERNEN SIE UNS BESSER KENNEN! Fragen Sie Ihren Hobbyfach- oder Buchhändler nach unserem kostenlosen Magazin **Meine kreative Welt**. Darin entdecken Sie dreimal im Jahr die neuesten Kreativtrends und interessantesten Buchneuheiten.

Oder besuchen Sie uns im Internet! Unter **www.topp-kreativ.de** können Sie sich über unser umfangreiches Buchprogramm informieren, unsere Autoren kennenlernen sowie aktuelle Highlights und neue Kreativtechniken entdecken, kurz – die ganze Welt der Kreativität.

Kreativ immer up to date sind Sie mit unserem monatlichen **Newsletter**. Für aktuelle Infos, Gratis-Anleitungen und Gewinnspiele gleich anmelden unter **www.TOPP-kreativ.de/Newsletter**

IMPRESSUM

FOTOS: frechverlag GmbH, 70499 Stuttgart; lichtpunkt, Michael Ruder, Stuttgart
HÄKELSCHRIFTEN: Sabine Schidelko, Nürnberg
PRODUKTMANAGEMENT: Eva-Barbara Zirn
LEKTORAT: Helene Weinold, Violau
GESTALTUNG: Petra Theilfarth
DRUCK: POLYGRAF PRINT spol. s r.o.

1. Auflage 2018

ISBN 978-3-7724-6826-1 • Best.-Nr. 6826